アマテラスの誕生

――古代王権の源流を探る

溝口睦子
Mutsuko Mizoguchi

Eurus Notus Zephyrus Boreas

岩波新書
1171

JN262677

アマテラスの誕生——目次

序章

王政復古を掲げる明治新政府は、新政府樹立直後の明治二年(一八六九)三月、はやくも明治天皇の伊勢神宮参拝を挙行している。このとき明治天皇は、その前年に元服を終えたばかりの十八歳(満十六歳)の青年だった。伊勢神宮は、周知のように天皇家の先祖神とされる天照大《あまてらすおおみ》神《かみ》を祭る神社である。同年に出された「人民告諭」には、「天子様ハ天照皇大神宮《てんしょうこうだいじんぐう》サマ(天照大神のこと。本書では以下アマテラスと略称する)ノ御子孫様ニテ、此世《このよ》ノ始《はじめ》ヨリ日本ノ主《あるじ》ニマシマス」と書かれている。

明治政府がきわめて早い時点から、「天照皇大神宮様」つまりアマテラスを、「天子様」の先祖神(皇祖《こうそ》神《しん》)として、広く喧伝しようとしていることがわかる。いわゆる日本独自の「国体」観念を国民に植え付けるべく、思想教育を始めている。「国体」とは、日本独自のくにがら・国のあり方を指していう語で、日本は、世界で他に比べるもののない、優れたくにがらの国であるとして、この時代に好んで使われた言葉である。

明治二十二年(一八八九)発布の明治憲法すなわち大日本帝国憲法は、その第一章、第一条で「大日本帝国ハ、万世一系ノ天皇、之ヲ統治ス」と天皇の統治権について規定したが、その天皇の統治権の「淵源《えんげん》」(みなもと、根源)は、「皇祖《こうそ》皇宗《こうそう》の神霊《しんれい》」にある(告文)としている。「皇祖皇宗」とは、皇室の先祖神、つまり「皇祖神」であるアマテラスや、初代天皇神武《じんむ》にはじまる歴代の天皇を指している。

憲法発布の翌年、明治二十三年には「教育勅語」が出されて、小学校におけるその「奉読《ほうどく》」が義務付けられた。戦時中、小学生だった私は、意味はまったくわからないまま、その勅語を大声で暗誦したが、そこにも冒頭に、「朕惟《ちんおも》フニ我カ皇祖皇宗国ヲ肇《はじ》ムルコト宏遠《こうえん》ニ」と書かれている。皇祖神アマテラスや神武によって、遥か昔日本という国はできたのだといっているのである。そして、このような日本の建国の歴史こそが、世界に比類なき我が「国体ノ精華《せいか》」であり、それを自覚することが教育の基本でもある(「教育ノ淵源、亦実ニ此ニ存ス」)と勅語は謳《うた》っている。このように明治憲法は、アマテラスを国家権力の「淵源」をなす神として規定した。

敗戦後の昭和二十一年(一九四六)に新しく日本国憲法が公布され、そこで、日本は歴史上はじめて主権在民を明確に制定した。それまで神にあった主権が、このときから国民に移ったわけである。そして、ここでアマテラスは、はじめてその双肩にかかっていた国家権力の淵源という重荷を降ろして、自由になることができた。しかしそれまでの七十七年間、この神は、近代国家の国家権力を支える支柱としての役割を果たしてきたのである。

アマテラスは、第三章で詳述するように、創造神イザナキ・イザナミから生まれたとされる太陽神で、弥生時代に遡る古い女神である。そのような二千年も前の古い神、しかも女神が、なぜ日本では国家権力を支える神（以下「国家神」とよぶ）だったのだろう。

国家神は誰か

日本の国家神（＝皇祖神）は、アマテラス（天照大神）であると、長い間信じられてきた。あらゆる学問分野の優れた研究者たちが、みなこぞってアマテラスを軸に、日本古代の思想や宗教に関する議論を組み立ててきている。たとえば丸山真男の『丸山真男講義録 四』は、第二章で「古代王制のイデオロギー的形成」と題して、日本の古代王制の性格をさまざまな側面から詳細に論じているが、この講義の場合も『古事記』『日本書紀』（以下『記・紀』と略称する）に描かれたアマテラスが、もっぱら考察の中心である。

ところが実際に『記・紀』などの古典を見てみると、実は、国家神は必ずしもアマテラスだけではないのである。『記・紀』の国家神にかかわる条文を一、二あげてみよう。煩雑かもしれないが、ざっと目を通していただきたい。

1 皇祖《みおや》高皇産霊尊《たかみむすひのみこと》、特に、憐愛《うつくしび》を鍾《あつ》めて、崇《あが》め養《ひだ》したまふ。遂に、皇孫《すめみま》天津彦彦火瓊瓊杵《あまつひこひこほのににぎの》尊《みこと》を立てて、葦原中国《あしはらのなかつくに》の主《きみ》とせんと欲《おもほ》す。

（皇祖であるタカミムスヒの尊は、〔ニニギを〕とくに寵愛して崇め養育なさった。そして皇孫である

天津ヒコヒコホノニニギの尊を立てて葦原中国の君主にしようと思われた）

（『日本書紀』神代下、第九段、天孫降臨《てんそんこうりん》条、本文）

2　昔我が天神《あまつかみ》、高皇産霊尊《たかみむすひのみこと》・大日孁尊《おほひるめのみこと》、此の豊葦原瑞穂国《とよあしはらのみづほのくに》を挙《こぞ》りて、我が天祖《あまつみおや》彦火瓊瓊杵《ひこほのににぎの》尊《みこと》に授けたまへり。

（昔、我が天神であるタカミムスヒの尊とオオヒルメの尊（＝アマテラス）は、この豊葦原瑞穂の国を、すべて我が天祖であるヒコホノニニギの尊にお授けになった）

（『日本書紀』神武天皇即位前紀、神武《じんむ》東征《とうせい》条の冒頭）

『日本書紀』の天孫降臨条本文は、右に見るようにきわめて明快に、「タカミムスヒ」という、現在ではほとんど知る人のない神を、国家神＝皇祖神として掲げている。初代天皇神武の巻の冒頭でも、やはり「タカミムスヒ」が、天皇家の先祖であるニニギに国を授けたとある。ただし、ここではタカミムスヒのあとに「アマテラス」の名もあげられていて、二神がともに国家神として名を並べている。

ところが、これにたいして『古事記』が真っ先に掲げているのは、「アマテラス」である。

3　天照大御神《あまてらすおおみかみ》の命《みこと》もちて、「豊葦原《とよあしはら》の千秋《ちあき》の長五百秋《ながいほあき》の水穂《みづほ》の国は、我が御子正勝吾勝勝速《まさかつあかつかちはや》日天忍穂耳命《ひあめのおしほみみのみこと》の知らす国ぞ」と、言因《ことよ》さしたまひて、天降《あまくだ》したまひき。

（アマテラスオオミ神のお言葉で、「豊葦原の瑞穂の国は、我が児オシホミミの命が治めるべき国である」と、国の統治をオシホミミに委任なさって、天からお降しになった）

（『古事記』上巻、葦原中国平定条）

4　天照大御神・高木神《たかぎのかみ》の命もちて、太子《ひつぎのみこ》正勝吾勝勝速日天忍穂耳命《まさかつあかつかちはやひあめのおしほみみのみこと》に詔《のたま》ひしく、「今、葦原中国を平らげをはりぬと白《もう》す。故《かれ》、言依《ことよ》さしたまひし随《まにま》に、降《くだ》りまして知らしめせ」とのりたまひき。

（アマテラス・高木神（＝タカミムスヒ）二神のお言葉で、太子オシホミミに命じて言われるには、「今、葦原中国を平定したと復命があった。よって、委任した通りに天降って葦原中国を治めなさい」とおっしゃった）

（『古事記』上巻、天孫降臨条）

このように、『古事記』が国家神、つまり皇祖神として真っ先に掲げているのは、『日本書紀』とは違ってアマテラスである。なんだ、やはりアマテラスが国家神ではないかと思われるかもしれないが、もちろんこのような文献上の事実もあるから、これまでアマテラスが疑われてこなかったのである。しかし『古事記』をよく注意して読んでみると、『古事記』がアマテラスをひとりだけ天孫降臨の主神として掲げているのは3の一箇所のみで、あとの七箇所ある場面ではすべてタカミムスヒの名前をアマテラスと並べて、二神をともに命令を下す主体として記しているのである。そのなかの一例が右にあげた4で、ここは最終的に、皇祖神が「太子オシホミミ」に天降りを命ずる、最も重要な場面である。

国家神は、王家の先祖に国を与えた神として、古代にはきわめて重要視されているのだが、その神についての記述がこのように文献の間で、また語られる箇所によってばらばらなのはどういうことか。いったい国家神は誰なのか。そして、タカミムスヒとはどのような神で、アマテラスとはどのような関係にあるのか。このような、古代天皇制思想の核心部分である国家神についての疑問の解明が、本書の主要なテーマである。

従来の天皇制論

従来、天皇制についての議論は、ひと言でいえば、天皇制を日本独自のきわめて特殊な制度として捉えるものが大勢を占めてきた。弥生時代に遡る、古い祭祀王・農耕王の系譜を引くもので、日本土着の「原点」としての思想を伝えるもの、といった見方である。歴史学や国文学、民俗学や思想史など、あらゆる分野の研究者の多くがこの見方をとり、その立場にたって論を組み立ててきた。現在もなおそれは、最も一般的な見方として、しっかり根を下ろしているといっていいだろう。

しかしそれは、上述のように、天皇制思想の根幹をなす国家神がアマテラスであると、固く信じられてきたことと関係がある。そうではなく、もし『日本書紀』の天孫降臨条本文がいうようにタカミムスヒという神だったら、またまったく異なる天皇制像が現れる可能性があるのではないか。つまりさきに述べた、国家神はいったい誰かという疑問の解明は、このような問題と結びついている。

タカミムスヒが開く新しい天皇制像

本書の結論を先取りして、早めにその一部を述べるならば、もしタカミムスヒが国家神だったら、古代天皇制思想の核心部分は弥生に遡る日本土着の文化に繋がるのではなく、私見では四〜五世紀のころ、北方ユーラシアを含む北東アジア世界で起こった、大きな歴史のうねりに連動した現象の一つとして捉えることができる。

それは高句麗《こうくり》・百済《くだら》・新羅《しらぎ》など、朝鮮半島の諸王国をとおして日本に波及した文化の波であった。つまり、朝鮮半島の諸王国をはじめ、広く北方ユーラシアを含む北東アジア世界で共有されていた支配者を支える文化、つまり王権文化を、そのころ日本も取り入れたのである。そしてその文化は、当時の日本にとって、国の発展のために欠くことのできない先進文化だった。

これに近い見方は、すでに早くから、民族学の岡正雄氏や東洋史の護《もり》雅夫氏など一部の研究者によっていわれてきた。しかし文献的な検証が十分でなかったことや、あるいは歴史的な背景の捉え方に誤りがあったことなどから、大方の賛同を得られないまま今日に至っている。そこでもう一度、問題を捉えなおして、この見方を発展させることも、本書の目的の一つといえる。

ちなみに岡正雄氏は、昭和二十九年(一九五四)十月、宮内庁に招かれて、日本民族や民族文化の源流について昭和天皇に進講する機会があったということである。その時のことを岡氏は、「皇室の本来の神話的主神はタカミムスビ《(ママ)》ノカミで、アマテラスオオミカミではないと思うことなど、いろいろ私の自説をそのままに申しあげた。天皇はまったく科学者の客観的な態度でお聴きくださって、また二、三ご質問もあった」と、『日本民族の起源』のあとがきで述べている。岡氏の説は、戦後間もない昭和二十三年、東京神田のバラック建ての喫茶店の二階で、上記『日本民族の起源』の著者、石田英一郎・岡正雄・江上波夫・八幡一郎の四氏によって、早朝から深夜まで三日間にわたって行われた対談と討論のなかで、最初発表されたものである。管見の限りでは、皇祖神が本来タカミムスヒであることを明確に主張した説としては、これが最初のものである。

その後上田正昭氏や松前健氏も、岡氏らとはまた別の観点から『記・紀』などの古典の緻密な考察をとおして、アマテラス以前の皇祖神としてタカミムスヒがあったことを指摘している(上田正昭『日本神話』、および松前健「鎮魂祭の原像と形成」)。

なお、タカミムスヒの問題とは別にもう一つ、本書でぜひあきらかにしたいこととして、一方のアマテラスの文化がある。従来、タカミムスヒ的世界と混同されて、その混合体が、あたかもそのままアマテラスの性格であるかのように受け取られてきた。そこでアマテラスの源郷である、弥生に遡る日本土着の文化の世界を、タカミムスヒ的世界とは切り離して、できるかぎり純粋なかたちで取り出したい。

本書の構成

本書は、章立てが時代順ではないので、混乱を避けるため、前もって概略を述べておくことにしたい。最初第一、二章がタカミムスヒに関する章、次に第三、四章がアマテラスに関する章、そして最後の第五章がタカミムスヒからアマテラスへの転換について述べる章といった構成である。内容の概要はほぼ次のとおり。

第一章は、天皇制思想の根幹をなす「天孫降臨神話」は、いつ、どのようにして成立したのかがテーマである。上述のように、天皇制思想は、弥生に遡る日本土着の文化のなかから生まれたとする見方が大勢を占めてきたが、本書は、日本がはじめて統一王権を形成した五世紀前葉に朝鮮半島から導入した、元を辿れば北方ユーラシアの遊牧民の間にあった支配者起源神話にその源流をもつもの、すなわち当時の国際関係のなかから生まれたものとみている。なぜそういうことがいえるのか、その根拠について、当時の日本を取り巻く海外の情勢と、国内情勢の双方からみていく。

第二章は、五世紀から七世紀のヤマト王権時代をとおして、国家神は「アマテラス」ではなく「タカミムスヒ」であったということについて、いくつかの文献上の事例を引いて述べるのが主眼である。また「タカミムスヒ」という神は、研究者の間では「霊力神」として捉える見方が有力であるが、そうではなく「太陽神」であること、また朝鮮半島の始祖神名と酷似する名称であることについても言及する。

第三章は、アマテラスに関する章であって、時代は逆行するが、弥生に遡る、アマテラスを取り巻く土着の文化について概観する。五世紀に取り入れた北方系の思想や文化と、アマテラスの基盤をなす日本土着の文化とが、いかに異質な文化であるかを明確にするのが目的の一つである。そこには、たとえば天を基軸にした文化と海を基軸にした文化、絶対神・至高神をもつ文化と多神教的な文化といった違いがみられる。またその文化のなかで、アマテラスはどのような存在であったのか、はたしてこれまでいわれてきたような、最高神としての地位にあった神なのかといった点についても検討を加える。さらに土着文化を代表する神であるオオクニヌシ(=オオナムチ)について、この章ではかなり詳しくみることになる。

第四章は、同じくアマテラスに関する章である。ただし前章は、四世紀以前におけるアマテラスについてであったが、この章は五世紀以降のアマテラスである。すなわちタカミムスヒを国家神としていただくヤマト王権下で、アマテラスはどのような形で人々の間にあったのかを垣間見ておきたい。垣間見るといったのは、史料がきわめて乏しいからであるが、次の段階で国家神の地位に就くことになるこの神の、この時点での状況を把握しておく必要がある。さらにまたアマテラスが、この時代にはたしかに国家神ではなかったということも、ここで確かめておきたいことの一つである。

最後に第五章では、タカミムスヒからアマテラスへという国家神の転換について述べる。律令国家の成立と時を同じくして、国家神は弥生に遡る土着の太陽神であるアマテラスへと移行した。いわば歴史のゆり戻しともいうべき現象がこの時起きたのである。なぜ、どのようにしてそれは起きたのか。アマテラスが、はじめて国家神に就任する経緯について考えたい。

文字社会への移行

本論に入る前に述べておきたいことがいくつかあるが、その一つに、本書が主として考察の対象にしようとしている五世紀から七世紀という時代は、日本が文字のない社会から文字を用いる社会へと移行する時期だったということがある。意外にこのことは一般に知られていないが、この時代はその意味で、日本の歴史を大きく二つに分ける分岐点だった。

日本が本格的な文字社会に入ったのは七世紀も半ば以降のことである。そのころまで王権が必要とした外交や内政上の記録は、主として朝鮮半島からの渡来人によって担われ、日本の社会内部では、ごく一部の人々を除いてまだ文字は使われていなかった。なぜそのような認識が、本書にとって必要かといえば、古代天皇制は無文字社会に片足をおいた制度だということを、最初に頭に置いておきたいからである。古代天皇制思想の核である天孫降臨神話は、名のとおり「神話」であり、「神話」は基本的に無文字社会の産物である。

「神話」は、文字による表現とは、その発想や表現技法の上に、根本的な相違がある。その違いについての議論をここで展開しようというのではないが、ちょっと想像してほしい。もし仮に現代の歴史書や哲学書のような文章を、文字のない社会で口頭で語ったとして、それが人々の頭にきっちり入るだろうか。また長く記憶されるだろうか。文字のない社会で一つの思想を人々に伝えるには、それが聞いている人の脳裏に鮮明な画像となって残ることや、一度聞いたら忘れられないインパクトのある物語であることが要求される。そうであってはじめて、多くの人に同じようにその物語が記憶され、何代も世代を超えて受け継がれることが可能になる。

神話の特色はむろんこれだけではなく、発想そのものや背後にある自然観にも違いがある。しかしそのような違いをもちながらも、神話が自然観・世界観や、政治思想など、その時代の人々にとって欠くことのできない思想や文化を、言葉で表明した作品だという点では、現代の文学や歴史・思想書と少しも変らない。その意味で本書は、たとえば天孫降臨神話を古代の「政治思想」とよぶなど、神話を現代の思想や文化と同じものとして捉えている。すなわち神話には、たしかに文字使用以降とは根本的に異なる神話独自の発想や技法があるが、しかしそれが言葉による思想や文化の表明である点では、文字使用以降の作品と少しも変らない。このことをはじめに念頭に置いておきたい。

「天皇」号

次は「天皇」号の問題に簡単にふれておく。「天皇」号がいつから用いられるようになったかについては諸説あり、推古《すいこ》朝（五九三〜六二八）説もあるが、現在は天武《てんむ》朝（六七二〜六八六）説が有力である。しかしいずれにしても、五、六世紀が、天皇ではなく「大王《おおきみ》」の時代であったことは間違いない。ついでにいえば「日本」という国号も、大宝律令の制定時、すなわち大宝元年（七〇一）にはじめて定められた。それまではヤマト（倭、あるいは大和）の国だった。

さらにまた神武・雄略《ゆうりやく》、あるいは推古・天武といった、漢字二字による天皇の名称自体、『記・紀』が編纂されるころには、まだまったく存在しなかった。それらは八世紀の後半に、淡海三船《おうみのみふね》によって作られたのではないかといわれているが、ともかく『記・紀』の原文はすべて、神武は「神倭伊波礼毘古の命《かむやまといはれびこのみこと》」、雄略は「大長谷若建の命《おおはつせのわかたける》」といった名称で書かれている。しかし本書は、やはり何よりもわかりやすさ、簡便さを優先させて、通例にならい、「天皇」号と「日本」という国号、それに神武・雄略といった名称を用いることにしている。この点お断りしておきたい。

「アマテラス」という名称

同じようなことが、本書の主人公のひとりである「アマテラス」についてもいえる。「天照大神」という名称は、ずっと遅く、七世紀末になってつけられたもので、この神の本来の名前は「ヒルメ」、あるいは「オオヒルメ」だった。『万葉集』で柿本人麻呂は、この神のことを「天照らす(あるいはさしのぼる)日女の命《ひるめのみこと》」と詠んでいる(巻二、一六七)。

弥生時代以来何百年もの間、人々がそう呼んできた「ヒルメ」という名前には、その時代の人々しかもっていない自然観や世界観、あるいはまた女性観が、そのなかに込められている。「オオヒルメ」を現代語に訳すのは難しいが、これはいってみれば「日のおばさん」といった、親しみを込めた呼び名であった。したがって五、六世紀以前のこの神を、「天照大神」の略称である「アマテラス」で呼ぶことは、そのようなこの神の本質を無視して、ただ記号的に呼ぶことを意味している。このことについても、お断りしておく。

なお「ヒルメ」という名称については、民俗学の折口信夫《おりくちしのぶ》以来、日神に仕える「日の妻」、すなわち巫女《ふじょ》を意味する語だとする説が一世を風靡した。しかしこの説は、神名の類型などいくつかの点からみてあきらかに誤りである。「ヒルメ」の「ル」は「ノ」と同じ意味の助詞であるから、「ヒルメ」はたとえば「ウカノメ」が、ウカ(食物)の妻ではなく食物を擬人化して女性とみた「食物の女神」であるのと同じように、日、つまり太陽を擬人化して女性とみた、「太陽の女神」を意味する語なのである。

国家神＝皇祖神＝天の至高神

天皇(大王)の権威の源泉である、タカミムスヒやアマテラスのことを、国家神と呼んだり、皇祖神と呼んだりしてきた。本書では、その上さらに、天の至高神、あるいは天の主神といったり、また主権神と呼ぶこともある。読者にとってはわずらわしく感じられるかもしれないが、それはこの神のもっている多面的な性格を、その時々に、より適切に表現したいからである。

「皇祖神」が、従来もっともよく使われてきた用語であるが、これは言葉の意味としては、皇室の血縁上の先祖神であるという、それだけの意味しかもっていない。それにこの語は、研究者の間ではよく使われる用語であるが、一般の人々に、必ずしもよく知られているとは思えない。そこで本書では、国家権力を支える神という意味の「国家神」を、主として使うことにした。「国家」を背負った神のイメージで、比較的わかりやすいのではないかと考えたからである。「主権神」が、政治的な意味でのこの神の特質を、もっとも的確に表現した用語だと思うが、しかしこの名称も一般には馴染みがない。ちなみに「主権」という語を辞書で引くと、「国家の政治のあり方を最終的に決める権利」(広辞苑)とある。まさしくこの神は、地上世界(日本)の君主を決める権利をもった、究極の主権者であった。

『古事記』『日本書紀』など古典からの引用は、本書ではいくつかの注釈書の訓みを参照しながら、さらに読みやすい形に直しているが、その旨とくに断っていないものも少なくない。ご了承いただきたい。

なお本書は、旧稿(拙著『王権神話の二元構造』)を、いわば下敷きにして、その一部を発展させたものである。新書という書物の性格から、細かい文献学的な考証は、本書では極力避けたので、そのような点で疑問を持たれた場合は、旧稿を参照していただけると幸いである。

第一章　天孫降臨神話はいつ、どこから来たか

「天孫降臨神話《てんそんこうりん》」は、あらためていうまでもなく天皇家（大王家）の先祖が天から降りてくる話である。つまり、序章で『記・紀』を引いてその一部を見たように、天皇（大王）は天の至高神の子孫で、地上の国（日本）を治めるべく天から降りてきたのだという、支配者を権威づけるための神話であって、記紀神話（『記・紀』に収載された神話）の核心部分をなしている。この神話については、これまですでに多くの研究があり、この章の後半で紹介するように、朝鮮半島の古代国家の始祖神話と、種々の点できわめてよく似ていることが指摘されてきている。そしてそれが、遠く北方ユーラシアの草原地帯で活躍した遊牧騎馬民族の神話につながっていることも、古くからいわれている。

しかしそのような、朝鮮半島や北方ユーラシアの神話との類似については指摘されていても、それがいつ、どのような契機で日本に入ってきたのかといった、受容の時期や動機については、これまでまだ明確なかたちでは、ほとんど議論されていないといってよい。

序章でふれた岡正雄氏は、この問題について、「高皇産霊（タカミムスヒ）を主神とする皇室族が日本島に来入し、天照（アマテラス）を主神とする先住の母系的種族と通婚するに至った」ために、両者の文化の混合が起きたというように、北方系の民族の来入によるものとみている

（「日本民族文化の形成」）。岡氏がこの論文で展開している、縄文以来の日本の民族文化の形成についての壮大な見取図には、示唆に富む指摘が多々あって、従来から全体としては高い評価を受けている。しかし「皇室族」来入説の部分は、江上波夫氏の騎馬民族説と内容的に同じで受け入れ難い。江上氏の騎馬民族来入説については、考古学の佐原真《さはらまこと》氏が、「騎馬民族が到来して王朝を建てたとする江上波夫説を私はとらない。しかし、この時代にたくさんの渡来人があったこと、騎馬民族の文化が到来したことは確実である」（「日本人の誕生」）と言っているのに、私はまったく賛成である。

騎馬民族の来入はなかったが、しかしその文化は、たしかに朝鮮半島の古代国家をとおして入ってきた。では、その時期はいつか、また、そのとき日本国内はどのような状態だったのかが本章のテーマである。

なお、神武《じんむ》東征《とうせい》伝説について一つ断っておきたい。もともと天孫降臨と神武東征はひと続きのもので、九州の日向《ひゅうが》に天降った天孫が、よき地を求めて東征し、大和の橿原《かしはら》を王都と定めて建国するという部分を含めて、はじめて一つの建国伝説として成り立っている。しかし本書では紙幅の都合で神武東征の部分は割愛し、天孫降臨神話についてのみ述べる。この点ご了承いただきたい。

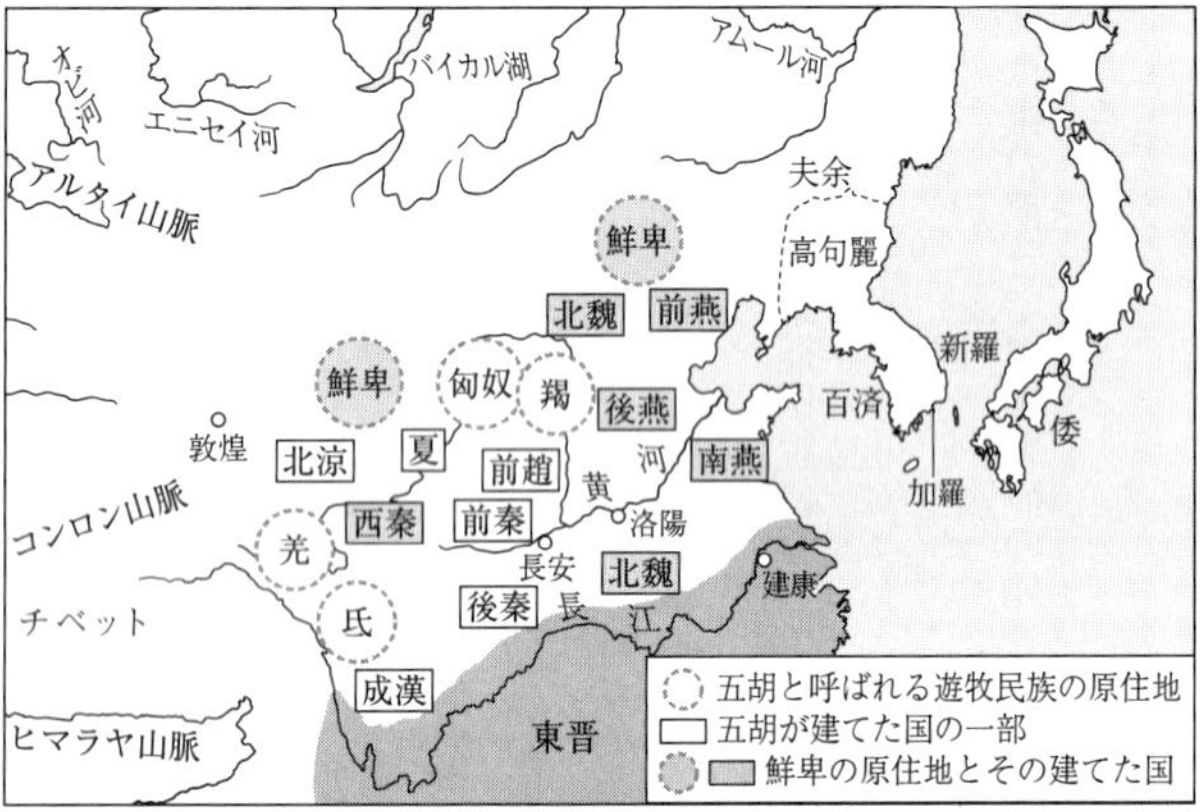

五胡十六国時代の東アジア(4 世紀~5 世紀前半)

四、五世紀の東アジア

四世紀から五世紀前半にかけてのころ、東アジアは激しい動乱のなかにあった。中国は後漢のあと、魏《ぎ》・呉《ご》・蜀《しょく》三国並立の時代を経て西晋《せいしん》王朝が立ったが、四世紀初頭に西晋が南匈奴《きょうど》によって滅ぼされると、いわゆる「五胡《ごこ》十六国」の時代(三〇四~四三九)が幕をあける。すなわち「五胡」とよばれる北方遊牧民が大量に中国大陸の北部地域(華北)に侵入して、次々と国を建て、四三九年に鮮卑《せんぴ》族が建てた北魏によって華北が統一されるまで、約百三十年間もの長期にわたって興亡を繰り返した動乱の時代である。

この間には大量の遊牧民族の移動にとどまらず、遊牧民の支配下で強制移住させられたり、またみずから難を避けて移住する漢人の移動も加わって、東アジアは民族の大移動期の様相を呈した。ほぼ同時期に、遊牧民フン族の侵入を機にはじまったヨーロッパの民族大移動と、この東アジアの大移動は、「深いところで関連している」(堀敏一『東アジア世界の形成』)ともいわれている。華北に侵入して建国した遊牧民族は、漢族を支配し国を維持・発展させるために、中国王朝の統治技術や文化を取り入れて、自族の習慣や文化と融合させる必要にせまられる。

このようにしてこの時代は、単に動乱や移動の時代であっただけでなく、「漢族とその他の諸民族の融合がさまざまな形で展開し、新たな社会が形成され国家が構築され」、「その動向は東アジア全域に多大な影響を及ぼした」(三崎良章『五胡十六国の基礎的研究』)といわれるような、ある意味では新しい時代を生み出す揺籃《ようらん》期でもあった。

東アジアの動乱と高句麗、そして日本

この動乱の余波は、朝鮮半島の大国高句麗《こうくり》を経て半島南部に及び、さらにはそれが日本列島にも波及して、半島南部の百済《くだら》・新羅《しらぎ》・加羅《から》、そして倭《わ》(日本)の国家形成にもさまざまな形で影響を与えたのではないかといわれている。そうだとすれば、具体的に、倭の国家形成にはどのような形でどのような影響を、この動乱は及ぼしたのだろう。このことについて考える上で、まず押さえておかなければならないのは、高句麗の存在である。

四、五世紀ころの世界地図を見ると、朝鮮半島の付け根の部分にひときわ大きく高句麗があ

4,5世紀の朝鮮半島

る。西は中国と地続きで境を接し、北は夫余《ふよ》(高句麗の北方に位置するツングース系遊牧民の国家)・鮮卑など遊牧民の国家に直接境を接し、南はほぼ朝鮮半島の半分近くまで領土としている。高句麗の地形上に占めるこのような位置は、すでに紀元前後のころにはある程度国家の形をなしていた、朝鮮半島きっての先進国であるこの国の、古代国家としての性格に影響を与えないではおかなかった。

すなわち一方では高度な文字文明をもつ中国王朝と、外交・軍事・文化・人的交流などさまざまな面で早くから密接な関係をもつと同時に、他方では匈奴以来の遊牧騎馬民族の国家とも深いつながりをもっている。かれら遊牧騎馬民族は基本的にまだ文字をもたない民族であったが、無文字社会がどこでもそうであるように豊富な神話や伝承をもっていた。また匈奴の国家形成にはスキタイの影響があるといわれているように、かれらはユーラシア大陸西方のはるか遠く離れた黒海沿岸地域の文化や情報まで、つねに豊富に取り入れて独自の文化を形成していた民族だった。

このような、漢民族の文化と遊牧民の文化という二つの異質な文化と絶えず接触して、それらの文化を融合させながら国家形成を行ってきたのが高句麗である。その高句麗から、朝鮮半島南部の国々や倭は、さまざまな形で大きな影響を受けた。いわばこの時期の高句麗は、ユーラシア大陸と朝鮮半島南部や日本列島とを結ぶ、文化の一大中継センターであった。

倭の国家形成は、後述のように、五世紀初頭に最初の画期を迎えると私は考えているが、その画期は、この時期の高句麗の動向と密接に結びついている。そのことを最も端的に示すものとして、まず五世紀初頭に起こった、日本の歴史にとってきわめて重要な一つの事件からみることにしたい。

対高句麗戦における惨敗

四一四年に建立された、高句麗の有名な「好太王《こうたいおう》(広開土王《こうかいどおう》)碑」の碑文は、五世紀初頭ころの倭と高句麗との関係について語る第一級の史料である。この碑文の性格・内容については、日韓両国によって多くの研究が積み重ねられているが、解釈の分かれる箇所もまだ少なくないようである。しかし次に引く四〇〇年と四〇四年における、倭と高句麗の戦闘の状況を生々しく記した箇所は、釈文にまだ多少流動的な部分があり、解読も厳密には不安定ということであるが、内容の大略については比較的異論の少ない部分である。鈴木靖民氏の訳文（「好太王碑の倭の記事と倭の実体」）によって、さっそくその箇所を引用してみる。

永楽十年（四〇〇）条　好太王は、歩兵・騎兵五万を遣わして新羅を救援した。男居城を従え新羅城（王城）に至った。倭がそのなか（新羅城）に満ちていた。官軍が至って倭賊は退いた。官軍は倭の背後より急追して任那加羅《みまなから》に至り、抜城を従えた。城はすぐに帰服した。安羅《あんら》人の戍兵《じゅへい》が新羅城と塩城を抜いた。倭寇は大潰《たいかい》した。

永楽十四年（四〇四）条　倭は不軌《ふき》にも帯方界《たいほうかい》に侵入した。（中略）そこで好太王は自ら軍を率いて征討し、（中略）王の軍は敵の進路を遮《さえぎ》ってそのなかに突撃した。倭寇は潰敗《かいはい》し、王の軍は無数の敵を斬り殺した。

不明な字も多く、意味のとりにくい箇所が、とくに四〇四年条は少なくないが、概要をいえば、四〇〇年条は、新羅に進出して新羅城を占拠していた倭軍が、高句麗の正規軍と激突し、高句麗軍は倭軍を任那加羅（朝鮮半島の南端、現在の釜山市のあたり）まで追撃し、倭軍は潰滅したということである。四〇四年条は、倭軍が、不法にも帯方界（かつて中国の植民地「帯方郡」がおかれていた地帯）のあたりまで侵入してきたので、好太王（広開土王）は、みずから軍を率い倭軍を征討した。倭軍は大敗を喫したと書かれている。

戦争の記事に誇張や歪曲はつきもので、しかも一方の当事者である好太王の功績を称えるために書かれた記事であれば、そこに誇張や美化、歪曲がまったくないとみるほうがむしろ不自然であろう。しかし細部に多少誇張はあったとしても、この両度の戦闘で、倭軍が高句麗軍に大敗したという記事の大要は、ほぼ史実とみてよいようである。

四〇〇年ころの高句麗と新羅、そして倭について朝鮮史の武田幸男氏は、「以前より新羅の王都の新羅城（現在の慶州）あたりに進出していた倭に対し、新羅の要請をうけた高句麗がこれを撃つ形で始まり、任那加羅（現在の金海か）や安羅あたり、現在の慶尚南・北道を主戦場として展開された」この戦闘の結果、高句麗は「新羅を新たに隷属状態におき、新羅の朝貢を受けるようになって、事態はひとまず落着した」（『高句麗史と東アジア』）といっている。

訳文を借りた鈴木靖民氏は、同じ論考のなかで碑文の記事について詳しい分析を行っているが、そのなかでこの戦闘について、日本はこの軍事的敗北によって、それまでの最高首長の系統が、「一挙に最高首長の要件たる軍事指揮者、そして外交権者としての権威を失い、王系の交代を招いたとみられる」と注目すべき見解を述べている。つまりこの敗北は、「王系の交代」というきわめて大きな影響を日本の歴史にもたらしたと鈴木氏はみているのである。

いずれにしても五世紀初頭に倭軍は高句麗の正規軍と激突して大敗し、朝鮮半島最南端の任那加羅まで追撃されるという事件が起こっている。任那加羅から壱岐《いき》・対馬《つしま》はひと跨ぎである。

高句麗の南下と百済

朝鮮半島最大の強国であり、倭国とは段違いの先進国でもあった高句麗と、このようにして五世紀初頭に倭国は直接激突したのであるが、なぜこのような事態が起きたのか。振り返ってその背景をざっとみておこう。

四世紀前葉に、高句麗は長く中国の植民地であった楽浪郡《らくろう》を滅ぼし(三一三年)、また帯方郡も、ほぼ同時期、のちに百済となる伯済国《はくさい》を中心とした馬韓《ばかん》諸国の攻撃によって滅んで、朝鮮半島はここにはじめて中国の支配から完全に解放された。「五胡十六国」の動乱によって、中国王朝が弱体化したことによるもので、あきらかに動乱の余波である。

ちょうどそのころから高句麗の王権はいちだんと強化されはじめ、半島南部では百済・新羅二国が台頭して、国家形成を加速しはじめた。東洋史の李成市《りそんし》氏はこのころの高句麗について、「高句麗は燕《えん》との対立・抗争のなかで、夫余系の流移民や中国からの亡命者を受け入れたり、楽浪・帯方遺民を包摂したりして、彼らを王権のもとに組織することによって、四世紀から五世紀にかけて王権の飛躍的な伸張を遂げ、古代国家形成の基盤を築き上げた」といい、また百済についても「百済のその後の国家発展で見逃せないのは、やはり楽浪・帯方遺民、中国系人士の存在とその果たした役割である」(『古代東アジアの民族と国家』)といっている。このことは、日本の古代を考える上でも見逃しにできない点であろう。

高句麗は、四世紀前半、西晋に代って遼東《りょうとう》の地域を支配下においた鮮卑族の国である前燕と西方で対峙することになるが、三四二年の戦いで手痛い敗北を喫し、前燕の朝貢国になる。その後この遼東の地域は、四三九年に北魏によって華北が統一されるまで、後燕・北燕そして高句麗領へとめまぐるしく転変する。

このような情勢のなかで高句麗は、四世紀後半に入ると南方に主力を移し、百済・新羅への侵攻を活発化させはじめる。ちなみに百済の支配層は、高句麗と同じく夫余から出たと称し「夫余」を国姓(王の姓)としている。つまり高句麗の兄弟国を標榜する国である。しかし高句麗にとって百済は、どうやらもっとも目障りな、憎むべき国であったらしい。好太王碑文に「百済」と書かれた箇所は一箇所もなく、すべて「百残」「残」「残主」などと侮蔑語で書かれているという。このころから、高句麗にとっては南下策が領土拡大のための主要な戦略となり、百済にとってはそれは、死活を決するきびしい戦いになっていく。

倭と百済との同盟関係

その対策として百済は倭国に軍事的支援を求め、見返りに倭国は先進文物の供与をうけるという二国間の関係が、七支刀《しちしとう》の贈与があきらかにしているように(吉田晶『七支刀の謎を解く』)、三六九年ころから始まった。七支刀は、百済からもたらされた七つの枝がついた特異な形状の刀剣である。「泰和四年(三六九)」にはじまる六十一文字の銘文があり、金で象嵌《ぞうがん》されている。現在国宝として奈良県天理市の石上《いそのかみ》神宮に保存されている。

その後紆余曲折を経ながらも、七世紀に百済が滅亡するまで、その関係は一貫して長く続き、古代における日本の対朝鮮外交の一つの柱となっている。『隋書』倭国伝、開皇二十年(六〇〇)に、「新羅・百済は、倭国を大国で珍しい物も多い国として敬仰し、つねに使者を往来させている」とある。百済や新羅からみれば日本は面積的・人口的にたしかに大国で、味方につけるにせよ敵に廻すにせよ無視できない国だった。

一方倭国にとって、朝鮮半島南部との安定した交流は、当時の支配層にとり生命線ともいえるものだった。その第一は鉄の確保である。東潮《あずまうしお》氏によると、弥生時代以来五世紀半ばまでの数百年間、日本は鉄素材を基本的に朝鮮半島南部の弁韓《べんかん》・加羅《から》・慕韓《ぼかん》地域に依存していた。日本列島内部で製鉄が開始されるのは、五世紀も後葉に入ってからのことだという(『古代東アジアの鉄と倭』)。鉄が、当時社会の発展にとって不可欠の資源であったことについて、改めて述べる必要はないだろう。むろん鉄だけでなく、さまざまな先進技術や文字文化などの導入は、まさに文明への道を歩み始めようとしていた当時の日本社会が渇望していたものである。そしてそれらは、この時代にはすべて朝鮮半島からやってきた。したがって高句麗の急激な南下は、その安定した供給をおびやかすものとして、強い危機感を支配層に抱かせるものだった。これが対高句麗戦の背後にあった国際状況である。

主要敵としての倭と高句麗

このような状況下で五世紀初頭、さきに好太王碑文でみたように、倭軍と高句麗軍は激突したのであるが、その後、倭と高句麗は、互いに相手を主敵として強く意識しあっていたことが、同時代の史料によってあきらかである。それは好太王碑文と、そして倭王武《ぶ》、すなわち雄略天皇が、官爵の授与を求めて宋の皇帝に差し出した上表文の二つである。

好太王碑文には、高句麗が関係をもった周辺諸国の国名が多数記されている。武田幸男氏によると、そのなかでとび抜けて多いのが倭(九例)・百済(七例)・新羅(七例)の三国で、なかでも倭にたいして高句麗がとりわけ高い関心を寄せていたことは、他の事実とも考え合わせると否定できないと武田氏はいっている。「倭は高句麗にとって南方の敵対国であり、しかも軽視すべからざる主要敵であった」(『高句麗史と東アジア』)。なお、さきに引用した鈴木靖民氏の論考にも同様の趣旨の叙述があり、そこでは碑文に書かれた回数は、倭十一回・百済九回・新羅七回となっている(この数字は釈文によって動くことがある)。

一方倭の側の高句麗にたいする認識については、『宋書《そうじょ》』の東夷伝が載せる、昇明二年(四七八)の「倭王武の上表文」が明白に語っている。この上表文も、いうまでもないが史料の乏しい五世紀代の日本にとって、きわめて貴重な、第一級の同時代史料である。

ところがこの上表文をみると、字数の実に半分以上を費やして、倭王武は高句麗の横暴を訴え、もっぱら高句麗打倒を宋の皇帝に誓っているのである。前置きの挨拶的な部分――むろんこのなかにも、日本の歴史にとってきわめて重要な内容が含まれているのであるが――を除けば、実質的な内容としては、高句麗にたいする非難がほとんどであるといっても過言ではない。その部分を要約すると、「わが国は、宋朝に仕えるため航海の準備をしていたが、高句麗は百済を併呑しようと殺戮を止めず、わが国が派遣しようとしている宋への入朝の使者をおしとどめてしまう。亡父済《せい》は、入朝の海路を高句麗が塞いでいるのを憤り、百万の兵士をもって大挙出征しようとしたが、その時父と兄をにわかに喪《うしな》い、作戦は水泡に帰してしまった。私は服喪のため軍隊を動かせずにいたが、喪があけたいま、父と兄の遺志を継ごうとしている。もし皇帝の恩徳によってこの強敵を打ち砕き、国難を除いていただけるなら、私は歴代天子への忠誠を継承するでしょう」(『東アジア民族史 1』山尾幸久訳による)といった内容である。

倭王武は、このように亡父済の時代から、日本は高句麗打倒を目標としてきたと述べている。「済」とは、いわゆる「倭の五王」の三番目の王で、『宋書』文帝紀の四四三年に入朝の記録のある、天皇系譜でいえば、允恭《いんぎょう》に比定されている天皇である。はたしてこの文面どおり、このころ日本が高句麗への百万の兵士による出兵を計画していたかどうかはかなり疑問で、宋朝にたいするポーズであった可能性も高い。しかし仮にそうだったとしても、日本がこのころ高句麗を、主要敵としてつよく意識していたことは確かである。そしてそれは、さきの四〇〇・四〇四年の戦闘における大敗以降ずっともたれていた、対高句麗認識とみて間違いあるまい。

このように五世紀初頭の敗戦以来、日本の支配層は、朝鮮半島の軍事大国高句麗を、つねに大きく意識のなかに置いていた。このことは、この倭王武の上表文からみて、あきらかな事実といっていいだろう。

倭政権内部の変動

ここで当時の日本の国内情勢に目を移すと、四世紀末から五世紀初頭にかけてのころ、倭政権内部には大きな変動が起きていた。

序章でふれたように、日本が本格的な文字社会になったのは七世紀も後半以降のことであって、多少まとまった内容をもつ文字資料は、いちばん古いものでも五世紀後半のもの（後述の「稲荷山《いなりやま》鉄剣銘文」）しかないといった状況であるから、五世紀初頭ころの国内情勢を、私たちは記録によって知ることはできない。そこで七、八世紀になって書かれた文献の記述や、考古学上の遺跡・遺物などをとおして、総合的に推測し判断するわけであるが、そのようにそれぞれ専門の異なる研究者によって、さまざまな方法で行われた研究の結果、大まかにいえば四世紀末から五世紀初頭にかけてのころ、大きな変動が日本の社会に起こっていることが、ほぼ一致して指摘されている。

考古学の白石太一郎氏は日本古代の古墳文化について、「四世紀代までと五世紀以降ではきわめて大きな違いがみられる」ことを、以前からさまざまな機会に指摘されている。その違いとは、ひと言でいえば、「倭の独自性のつよい文化」から、「朝鮮半島の影響のつよい文化」への劇的な変化である。事柄は古墳の埋葬施設や副葬品、生活用具など広範囲にわたっているので、ここで詳しく紹介する余裕はないが、とりわけ目を惹くのは、「それまでまったくみられなかった馬具が副葬されるようになり」、武器・武具も「騎馬戦向きのものに大きく変化した」(「倭国の形成と展開」)といわれるような、副葬品にみられる変化である。

さらにそれらにもまして注目される考古学上の事象に、王墓とみられる巨大古墳の設営地が、この間に奈良盆地から大阪平野へと移動したことがある。応神《おうじん》陵・仁徳《にんとく》陵とされる五世紀最大級の巨大古墳は、それまで王墓級の前方後円墳が長く営まれてきた奈良盆地を離れて、はじめて大阪平野につくられた。この王墓の移動については、多くの研究者がさまざまな意見を述べているが、まだ解釈に諸説あって、定説が形成されるには至っていない。しかしどの説をとるにしても、ともかくこの時期に、倭政権内部に何らかの大きな変動が起きていたとみる点では変りなく、これを、倭政権の盟主権の移動を示すとみる見解も有力である。

歴史の断層――新王朝論

文献史学の面では、水野祐・井上光貞・上田正昭・直木孝次郎・岡田精司らの諸氏によって、この間には歴史の断絶があり、ここから新王朝がはじまったとみるべきだとする説が早くから提唱された。天皇の系譜でいえば応神、あるいは仁徳にあたる時期で、この説は応神王朝論、あるいは河内《かわち》政権論とも呼ばれている。その提唱者のひとりである直木孝次郎氏は、「応神王朝論序説」で、「応神以前はそれ以後とは別な世界であると感じられていた」「現実の世は応神からはじまり、それ以前は伝説の世であるという考えが、明確な形ではないにせよ、広く七世紀の氏族の代表者や宮廷の人々に意識されていた」と述べている。私自身もそのような時代区分意識が、一部の宮廷人にとどまらずきわめて広範に、古風土記《こふどき》や民間の家記《かき》・系譜書の類にもみられることを指摘したことがある。七世紀の人々からみると、五世紀は二百年の昔にしか過ぎない。漠然としたものではあっても、ほぼその辺りで起こった大きな社会の変化を、人々がさまざまな形で言い伝え、記憶していたとしても不思議ではないだろう。

また上記の諸氏以外にも、塚口義信氏は、四世紀末葉に連合政権内部に対立が起こり、内乱をとおして新たに権力を握った集団が「河内大王家」を誕生させたとする論を展開する(『ヤマト王権の謎をとく』)など、同様の見方に立つ研究者は、けっして少なくない。

敗戦の衝撃と倭政権の変革

このように、ほぼ五世紀初頭のころ、日本の歴史に何らかの大きな変動があったことは、多くの研究者の認めるところである。しかし先述の鈴木靖民氏のように、その事実を対高句麗戦における敗北と結びつける見方は、現在のところまだ一般的とはいえない。

しかし私は、鈴木氏と同じく、まさしくこの敗戦のショックが、抜本的な体制の変革を引き起こすきっかけになったのではないかと考える。この敗戦と、その後に起きた後述のような社会の変容の状況をみると、やや飛躍するかもしれないが、幕末期の黒船来航や、さらにまた唐・新羅の連合軍に惨敗した六六三年の白村江《はくそんこう》の戦いを思い起こさせるものがある。五世紀初頭の変革を含めたこの三つの大変革には多くの共通点がある。主な点をあげてみよう。

1 衝突の相手は、いずれも欧米・唐・高句麗というように、その時点で、日本より格段に高い文化や軍事力をもつ先進国である。

2 その当時の日本の国内体制は、それら先進国に文化や技術面で遅れているというだけでなく、権力の集中という点で大きく立ち遅れており、統一国家としての態勢ができていなかった。

3　それら先進国との直接衝突によって、力の差をまざまざと知り衝撃をうけた日本は、そのあと強力な統一国家の形成をめざして、国家体制の変革に本気で取り組んだ。

4　その際手本にしたのは、衝突した当の相手国の政治思想や文化・技術・軍事力などであって、それらを懸命に学び、摂取して大きく体制を変えた。

一つ一つについて詳述する余裕はないが、「権力の集中」「統一国家」といっても、この三つはまったく異なる段階の社会や国家であって、「権力の集中」「統一国家」なるものの中味も、それぞれ大きく異なるものであることはいうまでもない。

幕末の日本についてはよく知られているところであるから、七世紀の白村江戦当時の日本についていえば、たとえばこの時、唐・新羅の連合軍と戦った倭軍は、地方豪族が集めた国造《こくぞう》軍(地方豪族の軍隊。国造については本書第四章でふれる)を、中央豪族が引率し、全体を統括する指揮者はいないといった状態で、まさに当時の国家体制をそのまま象徴する、遅れた氏族制的な軍隊であった(森公章《きみゆき》『戦争の日本史1　東アジアの動乱と倭国』。氏族制度については第五章で述べる)。

このあと時の天皇天智《てんち》は、中国の法と制度に範をとった中央集権国家の成立に向けて、急ピッチで多くの政策を精力的に実行に移していく。

いま問題にしている四世紀末から五世紀初めにかけてのころの倭政権についていえば、これは基本的にまだ豪族連合の段階であって、倭王といっても、その盟主にしか過ぎなかったことは研究者が一致して認めているところである。そして幕末や白村江戦当時の日本がそうであったように、そのころの倭政権も、すでにその体制では対外的にも対内的にもたちゆかない、ぎりぎりの段階にきていた。そうした状況が高句麗戦での大敗を機にいっきに爆発して、支配層の間に危機感が高まり、あるいは内乱などの過程を経たかもしれないが、ともかく最終的に支配層の一部によって抜本的な体制の変革が行われたのではないか。そしてその変革の時期は、「倭の五王」の最初の王である「讃《さん》」の、宋への入朝(四二一年)より前であろうと考える。

新しい王権思想――天孫降臨神話の導入

五世紀の日本が、それまでなかった馬の文化や新しい武器・武具を取り入れ、さらに広く金属加工・土器・織物・建築などに関する先進技術や、また文字文化の導入などを行ったことはよく知られている。これらはむろん、みな社会の変革や発展に欠かせないものである。しかし「体制の変革」という点からいえば、第一に必要とされたのは、国家体制の基本となる新しい政治思想の導入だったのではあるまいか。

結論からいえば、新しい政治思想、すなわち王の出自が天に由来することを語る「天孫降臨神話」は、この時期に、当時朝鮮半島きっての先進国であり、かつ、先述のように、日本が主敵としてつよく意識していた、当の相手の高句麗の建国神話を取り入れる形で導入されたのではないかと私は考える。そう考える最大の理由は、両者、すなわち高句麗の建国神話と日本の神武東征を含む建国神話との類似である。両者は、全体の枠組みだけでなく、細部にいたるまできわめてよく似ている。が、神話の問題に入る前に、天孫降臨神話の導入がなぜこの時点で必要だったのか、またこの時期の導入とみる根拠が何かあるのかといった点について、もう少し述べておくことにしたい。

なぜ天孫降臨神話の導入が必要だったたか

ゆるやかな結びつきの豪族連合的な社会から、上下の規律のきびしい、専制的な統一王権の体制への切り替えには、それを支える新しい政治思想がぜひとも必要である。しかし四世紀までの日本の初期王権（豪族連合段階の国を仮にこう呼んでおく）の政治思想には、統一王権が依拠する思想として役立つ要素はなかった。

四世紀までの日本には、第三章で述べるが、唯一絶対の権威をもつ至高神は存在しなかった。そこは豪族連合段階の社会にふさわしい、人間的で魅力あふれる多彩な男女の神々が自由奔放に活躍する多神教的世界だった。それは神話としての魅力には富んでいるが、専制王権が依拠する思想として適切とはいえない。それに比べると北方系の天降り神話は、唯一絶対性・至高性という点ではるかに勝っていて、統一王権を権威づけ、求心力を高める、思想的武器としての力を十分もっていた。さらにまた、どこまでも続く広い天とその下の広い大地を対象にした、地域の枠を越えた神話である点でも、地域性を強くもっているそれまでの日本土着の神話に比べて、統一王権に適合的だった。

敗戦によって戦力・国力の遅れ、脆弱さを痛感した日本の支配層の目につよく映ったものの一つに、おそらく天降った天の子を名乗って絶大な権力を手中にしている、高句麗王の姿があった。「好太王碑文」は、その巨大な碑石の冒頭に、まず真っ先に高句麗王の出自・血統を、「天帝乃子母河《か》伯女郎《はくじょろう》」(天帝の子で、母は河の神の娘である)と書いている。先祖である始祖王朱《しゅ》蒙《もう》の出自が、天に由来することを誇り高く謳っているのである。ほぼ同時期に書かれた高句麗の使臣の墓誌(牟《む》頭婁《とうる》墓誌)にも、同じく高句麗王の始祖について、「河伯乃孫日月乃子鄒牟《すむ》聖王」(河の神の孫で、日月の子であるスム聖王＝朱蒙)とあって、高句麗王の出自が河神と天(ここには日月とある。「日月」については後述する)に由来することが繰り返し書かれている。

この二つの例は、この思想が、当時高句麗の支配層にとって、きわめて重要な思想であったことを示すと同時に、支配層を王権のもとに結集する上で、いかに有効な、役立つ思想であったかも示している。

この天に由来する王権思想は、高句麗をとおして百済・新羅・加羅など朝鮮半島の諸王国が軒並みに取り入れた、当時流行の思想であり、その元を辿れば、朝鮮半島の北に広がる北方ユーラシアの遊牧民族が古くからもっていた王権思想でもあって、匈奴以来の北東アジア全域を覆う、いわば普遍思想ともいえるものだった。そしてそれは、強力な王権をつくる上できわめて有効な思想であることが、すでに匈奴以来、北方ユーラシアの地に興亡した国々によって実証ずみだった。当時日本の支配層が、現状を打開する上でとり得る道は、この北方系の王権思想を取り入れて抜本的な体制の変革を行うか、あるいは従来の豪族連合方式を改良・改革し、土着の思想を進化させて乗り切るかの二者択一だったと思われる。しかしこの時期に、ゆっくりと時間をかけて、独自の道を切り開くだけの時間的余裕はなかった。百済や新羅、そして加羅と同じように、倭国も前者を選択したのである。

稲荷山鉄剣銘文の語る社会

この北方系王権思想導入の時期を推定する上で、欠くことのできない史料として、「稲荷山《いなりやま》古墳出土鉄剣銘文」がある。これは、厳密にいえば、導入時期を指し示す直接的な史料というわけではなく、間接的な史料である。しかし見ようによっては、新しい政治思想の導入を示すきわめて有力な史料といえる。

埼玉県行田市《ぎょうだ》のさきたま古墳群は、武蔵国《むさしのくに》の国造家の墓域だろうといわれているが、そのなかの初期の古墳から掘り出された鉄剣に、両面ぎっしりと、金で象嵌《ぞうがん》された文字が彫り込まれているのが発見された。一九七八年のことである。世紀の発見と騒がれたが、六世紀以前の文字資料の極端に乏しい日本の現状のなかでのこの発見は、百年に一度というより、千年に一度ともいえる価値ある発見だった。そこには銘文の作成が辛亥年《しんがいのとし》(四七一)であることが明記されており、銘文の主である「ヲワケの臣《おみ》」の、「上祖オホヒコ(大彦)」にはじまる八代にわたる先祖名と、代々「杖刀人の首《おびと》」として大王に仕えてきたという王権社会のなかでの地位・職掌、そして自分自身は「ワカタケル大王」(雄略)に仕えて「天下」を「佐治《さち》」(たすけ治める)したといった、王権への貢献を誇る言葉などが記されていた。

このように、この銘文にはすでに「大王」「天下」などの語があり、「杖刀人」といった、のちの「人制《ひと》」(初期官人制の一種。史人・酒人・蔵人など、語尾に「人」をもつ。新羅の官僚制にも同じ形体の名称がある)につながる制度上の用語もある。また、先祖代々仕えてきたとあるように、血統意識や世襲観念も明瞭にみられる。ひと言でいえば、ここにみられるのは、七、八世紀の文献をとおして私たちに馴染み深い、ヤマト王権下の古代と基本的には少しも変らない、何の違和感もない世界である。すなわち、四七一年の時点において、倭政権はすでに新しい体制に転換し終わっており、六、七世紀にそのまま連続する政治社会がすでに出現していることが、この銘文によってあきらかになった。

新体制の大王政権

同じく五世紀後半と推定されている熊本県の江田船山《えたふなやま》古墳出土の大刀銘にも、「治天下ワカタケル大王世、奉事典曹人名无利弖《むりて》」と解読できる文字があり、新体制の大王政権が、五世紀後半には、九州から関東にいたる豪族層を支配下においていることがあきらかである。

だとすれば、豪族連合から統一王権への転換は、四七一年以前、遅くとも五世紀前半のうちには、なされていなければならないだろう。稲荷山銘文から推察されるこのような転換時期と、上述の考古学や文献史学が推定した歴史の断層とは、新体制の開始と定着にある程度時間がかかることを考慮に入れれば、ぴったり合致するといって差し支えない。

ここでとくに注目されるのは、血統意識や世襲観念の存在である。「ヲワケ」は、伝説上の英雄「オホヒコ」にはじまる己れの出自・血統を誇らかに掲げているが、そのことは、この社会がすでに出自・血統を重視する社会に転換していることを、鮮明に示している。であれば王家の血統は、他の誰よりも優れたものでなければならないだろう。「治天下」の語の存在も、先に著書を引いた吉田晶氏が、「王権の神格化と関係がある」といっているように、大王の出自の神聖化、つまり「天」に基軸をおいた天降り神話の存在を示唆している。なお「天下」の解釈には諸説あるが、私はワカタケル大王の統治領域をさす語とみている。

さきにふれた高句麗の使臣牟頭婁の墓誌に、高句麗王の始祖は「河伯の孫、日月の子」であると繰り返し書かれていたように、血統を重視する社会では、王家の血統は国家の要であり、支配層の精神的支柱である。これらの諸点を考え合わせると、「天」に由来する王家の起源伝承、すなわち天孫降臨神話は、むしろ真っ先に導入されたとみるのが自然ではないか。稲荷山銘文は、剣の両面というきわめて小さなスペースに書かれているため、そのことについては記していないのである。

なおこの銘文が、種々の点で後世の氏族系譜や家譜・家記の類と酷似していることについて、私は幾度か別稿で述べたことがある(『日本古代氏族系譜の成立』)。佐伯有清氏は、牟頭婁墓誌とわが国の家譜・家記との相似を、早い時期に示唆しており(「高句麗牟頭婁塚墓誌の再検討」)、武田幸男氏もその見解に賛意を表している(『高句麗史と東アジア』)。つまりこれらをつなげて考えると、稲荷山銘文と高句麗の牟頭婁墓誌との間には共通性が認められるということである。

いま稲荷山銘文には、血統意識や世襲の観念があると述べてきたが、五世紀に血統意識や世襲観念があったか否かは、日本古代史の重要な論点の一つである。またこの問題は、血統観念の存在を前提にした天孫降臨神話とも関係があるので、この点についての私見を、次に簡単に述べておくことにしたい。

出自・血統意識と世襲観念

銘文は、冒頭「上祖オホヒコ」にはじまり「ヲワケの臣」に至る七代の先祖名を、「其《そ》の児《こ》」でつなぎながら記して、そのあとに「世々」「杖刀人の首」として、お仕えしてきたと書いている。出自・血統意識の存在をここから読み取っても差し支えないだろう。またその先祖名はみな男性名であって、あきらかに父系系譜である。

ところが一方、父系制については、その開始時期をめぐって長い研究の歴史があるが、現在のところ、七世紀まで日本に父系出自集団は成立していなかった、日本の古代社会は父系制でも、母系制でもなく、双方的な社会であったという見方がほぼ定説になっているのである。私もその説に実は基本的に賛成で、その見方は成り立つのではないかと考えている(成清弘和『日本古代の家族・親族』に、戦後の古代史学における親族研究の流れが要領よくまとめられている。石母田正氏以後でいえば関口裕子・吉田孝・明石一紀・義江明子ら諸氏の論の紹介がある)。

だとすると、稲荷山古墳出土の鉄剣銘にみられる系譜は、いったいどうなるのか。稲荷山系譜に限らず、現存する古系譜は、私のみるところ、すべて父系系譜であるが、それらはどう解釈するのか。このような問題が出てくるわけである。そこで、この矛盾をめぐってさまざまな説が錯綜して生まれているのが現状であり、解決は、どちらかといえば、父系系譜の存在を疑問視、ないしは否定する方向でなされている。

結論からいえば、私は、日本古代の場合、建前・理念としての父系継承や世襲観念の存在と、実態としての親族関係や「氏《うじ》」のあり方とは、一応切り離して別個に考察し、それぞれの存在を認めることが必要ではないかと考える。つまり日本古代における父系系譜の存否は、二者択一ではなく、複眼的に見るべきではないかということである。なぜかといえば、稲荷山系譜をはじめ、日本の古代の系譜は、あきらかに次のような二面性をもっているからである。

日本の古代系譜の二面性

稲荷山系譜は父系系譜であると最初に述べたが、実は、この系譜は現代人がふつうに考える血縁系譜ではない。論証の過程はすべて省くが、これは、政治的な関係を「同族」としてとらえた「擬制系譜」なのである。この系譜は始祖に「オホヒコ(大彦)」を掲げているが、オホヒコはあきらかに、ヲワケの真実の血縁上の先祖ではない。そうではなく、伝説上の英雄「大彦」を先祖として掲げている有力豪族の阿倍氏や高橋氏らと、同じ氏《うじ》グループに「ヲワケ」が所属していることをこれは意味している。つまりこの系譜は、ヲワケがどのグループに属しているかという氏グループの所属や、広くいえば王権社会のなかでの政治的な位置付けを示す、身分証明書の如き意味合いをもっているのである。このような政治的関係を血縁で表現するという系譜の二面性は、八、九世紀の家記・家譜の類や氏族系譜にも引き継がれており、氏族系譜の多くは額面は血縁関係、内実は政治的関係という二面性を、基本的にもっている。

ではなぜこのような制度が作られたのかといえば、それはこの時期の日本に父系出自集団はまだ存在せず、現実に父系制やそれに基づく世襲制を実施することは困難だったからである。しかし、にもかかわらず血縁制度のもつ、豪族たちを組織していく上での利点はきわめて大きく、血縁に擬制することによって、豪族たちの結集力・結束力がはるかに高まり、さらに世襲の観念を取り入れることによって、その豪族間の結びつきが安定的に、代を超えて維持されるという利点があったからである。神話的思考に慣れた当時の人々にとって、このような擬制、つまり二面性は、ごく自然に、何の抵抗もなく受け入れられたに違いない。王権の側は、この方式をとることによって、バラバラの氏ではなく、多くの地方豪族を「同族」として配下に抱えたいくつかの有力氏を相手に、そのトップの氏をしっかりと手元にひきつけておけば、多数の地方豪族を同時に、代を超えて王権のもとに結集することが可能になる。

いってみれば、統一王権は、父系制や血統重視の観念、世襲制などを、「制度」「理念」「思想」として取り入れることで、地方豪族の組織化と、かれらとの関係の維持・安定をはかったのである。その「制度」や「思想」は、その時点では、現実とはかけ離れた制度や思想であったが、しかし徐々に社会に浸透していくうち、それが牽引車となって社会をその方向にひっぱり、社会を変革していく。

その意味で、つまり観念的な「制度」「思想」として、五世紀は、日本の歴史が父系制社会へ、血統の重視へ、世襲制へと大きく舵を切った一大転換期であった。そして、大王の出自・血統が「天」に由来することを語る天孫降臨神話は、その「制度」の頂点に位置していたと私は考える。

高句麗の建国神話と日本の建国神話

ここから、天孫降臨神話と高句麗の建国神話との類似や、また日本の天孫降臨神話と、北方ユーラシアの遊牧民の始祖神話とが共通してもっている特徴点など、天孫降臨神話の神話としての系統の問題に入ることにしたい。

まず高句麗の神話との類似について、戦後の日本神話研究に大きな足跡を遺した民族学・神話学の大林太良《たりょう》氏は、高句麗・百済の建国神話を、神武東征を含む日本の建国神話と克明に比較した上で次のように述べている。「日本の建国伝承とのこれだけ大幅の、しかも細部にわたる一致は、私の知るかぎり、中国や東南アジアの伝承には見られず、朝鮮の伝承においてのみみられるものである。そして日朝両地域間の地理的隣接、歴史的接触、密接な文化の関連からみて、同一系統のものであることを物語っているといって差支えない。しかも、ここでは何よりも建国伝承が問題になっている。これは、日本の支配者文化の系統を考える上にもきわめて示唆的である」（『日本神話の構造』）。

また、大部の『日本神話の研究』四巻を著した松村武雄氏にも、天孫降臨神話についての詳しい考察があるが、その中で松村氏は、天孫降臨神話について次のように結論づけている。

1　本然的に大陸系的な神話であり、北方系民族の所産である。

2　それ自体でまとまった一個の神話であって、オオクニヌシの「国譲り神話」（第三章で述べる——溝口）とはまったく関係がなかった。

3　天孫を降臨させる神を、タカミムスヒとする伝承が原初的なものであり、その役割をアマテラスが演じている伝承は、最も後期的なものである。その役割をタカミムスヒとアマテラスが共演している伝承は、これら二種の中間形、つまり過渡期のものである。

（『日本神話の研究　第三巻』、文章はわかりやすい表現に変えている）

天孫降臨神話についての両氏の考察に、細かい点を取り上げれば多少意見の相違する点がないわけではないが、しかしここに引用した結論部分についていえば、私はまったくそのとおりだと考える。日本の建国神話、すなわち天孫降臨神話と神武東征伝説は、ここで神話の内容を具体的に述べる余裕はないが、大林氏がいうように、たしかに朝鮮半島の高句麗・百済の神話とつながりをもっている。そしてそこからさらに遡って、松村氏がいうように、北方ユーラシアの広大な大地に興亡した、匈奴にはじまる北方遊牧民の国家の始祖神話に、その源郷は行きつく。

紀元前二、三世紀から一世紀にかけてのころ北方ユーラシアに強大な帝国をつくった匈奴や、それ以降、二、三世紀から六、七世紀にかけてのころに栄えた鮮卑《せんぴ》・柔然《じゅうぜん》・高車《こうしゃ》・突厥《とっけつ》といった国々の始祖伝承には、あきらかに朝鮮半島や日本の建国神話と共通する支配者観がみられる。ただしこれら遊牧民の国家では、王の始祖である「天」の子は、狼となって現れる、いわゆる「獣祖伝説」の要素があり、朝鮮半島では「天」の子は卵となって生まれる「卵生説話」の要素があって、それぞれ地域差があり、一見、日本の神話とは異なる印象を受ける。しかし、「天」の子の天降りを支配者(王)の権威の拠り所にするという、この思想の骨格は、あきらかに共通である。

このような、始祖伝承の背後にある北方遊牧民の思想や信仰、支配者観については、三品《みしな》彰英氏(『三品彰英論文集 第三巻』他いくつかの巻)や護《もり》雅夫氏(『遊牧騎馬民族国家』、および『古代遊牧帝国』)に詳しい考察がある。護氏は、日本の天孫降臨神話とこれらの地域の伝承とのつながりを、早くから主張していたひとりである。

なお、日本の天孫降臨神話は、高句麗・百済と似ているだけでなく、細部で新羅や加羅の神話と一致する点があることも、これまで繰り返し指摘されている。たとえば、天孫の降臨地が、日本の神話では「クシ日《ひ》の二上《ふたかみ》峰」、あるいは「クシ日の高千穂峯」(『紀』本文、第二・四の一書)、「クシ触峰《ふるのたけ》」(『紀』第一の一書)、「久士布流多気《くじふるたけ》」(『記』)となっているが、加羅の建国神話では、「皇天」の子が「亀旨(きし)峰」に天降る(『三国遺事』所載のいわゆる「首露《しゅろ》神話」)。また降臨地を「添山峰《そほりのやまのたけ》」とする異伝(『紀』第六の一書)もあり、「ソホリ」は、現在の韓国の首都ソウルと同じ、「ソ(金)、ホリ・フル(里・城)」を意味する語であることが指摘されている。さきの「クシフル峰」のフルも同じ語である。

朝鮮諸国の建国神話は、その骨格についていえば高句麗の神話が元で、他の諸国はそれを自国に合った神話に作り変えている。

「天」と「日月」

このように天孫降臨神話を、朝鮮半島から取り入れた北方民族の系統を引く神話とみる説がある一方で、中国の天命思想の影響を受けてできた神話とみる見方も、折に触れて目にするところである。そこで、天孫降臨神話が、中国の天命思想や天子観とはまったく異なる、独自の特徴をもった神話であることについて、以下二、三点述べておくことにしたい。

第一にあげたいのは、「天」と「太陽(日)」、そして「日月《じつげつ》」との同一視である。同一視というより、置換可能な概念といったほうがいいかもしれないが、要するにこの三者を、後述のように高句麗や北方遊牧民族の間では、王の権威の源泉として、区別することなく用いているのである。そして日本の初期の天孫降臨神話にも、その痕跡がみられる。しかし中国の古代思想で、「天」と「太陽」、あるいは「天」と「日月」を同一視することはない。

まず高句麗からいえば、さきに「好太王碑文」でみたように、始祖王雛牟《すむ》(朱蒙《しゅもう》)の父は、「天帝」、あるいは「皇天」と記されているが、『魏書』高句麗伝では、朱蒙の父は「日」(の光)であり、「牟《む》頭婁《とうる》墓誌」では「日月」になっている。すなわち高句麗では「天」は、同時に「太陽」でもあり、またときには「日月」と表現されることもある。そしてこれと同じ特徴が北方遊牧民の国家にもみられる。匈奴の単于《ぜんう》(王)は、天から降った「天の子」と称し、己れの出自について「天の立てるところの匈奴の大単于」と漢の皇帝への書簡でいっているが、同時に「天地の生めるところ、日月の置けるところの匈奴の大単于」ともいっている。この例だけで、「天」と「日月」の同一視があるとまではいえないだろうが、次に引くモンゴルやウイグルの例と考えあわせると、「日月」は「天」の言い換えでもあることが了解されるだろう。

『モンゴル秘史』(村上正二訳)によって、モンゴル部族を統一してモンゴル帝国を作ったチンギス・カンの始祖伝承をみると、「上天」の化身である「蒼き狼」の子孫ドブン・メルゲンの妻アラン・コアは、夫の死後「日月の光」によって孕んだ。そのとき生まれた子の子孫がチンギス・カンだというのである。これについては、「日月の光」によって孕んだといういわゆる日光感精伝説のほうが古く、「蒼き狼」の話はあとから加えられたとみる説がある。が、ともかくこの伝承によれば、チンギス・カンの始祖は、「上天」、あるいは「皇天」であると同時に、「日月」でもあった。

また八、九世紀ころ、突厥のあとユーラシアの草原地帯東部で覇権を握ったウイグルにも、興味深い事実がみられる。すなわちウイグル部族のカガン(部族連合の主権者として推戴された王的存在)は、「天によりて尊厳となりし、国を統べし(中略)カガン」といった尊号で呼ばれているのであるが、その「天によりて」という形容句の部分が、時に「月神によりて」とあったり、また「日神によりて」ともあったりして、三者が区別なく混用されている。そしてこの三通りの言い方の上に、何ら差はないということである(山田信夫『北アジア遊牧民族史研究』)。

以上述べてきた高句麗・匈奴・モンゴル・ウイグルの例にみるように、これらの地域では、王の権威の源である「天」が、ときに「日」と言い換えられたり、「月」であったり、また「日月」であったりしている。これは、あきらかにこれらの地域に固有の、きわめて特徴的な「天」観である。

では、日本はどうかとみると、『日本書紀』の顕宗《けんぞう》天皇(五世紀末の天皇)三年条に、「月神」「日神」が、ともにタカミムスヒを「我が祖《みおや》タカミムスヒ」と呼んだという、注目すべき記事が載っているのである。タカミムスヒが日・月の祖《おや》であるということは、タカミムスヒと日・月の三者が密接に結びついている、三者は一体の関係と考えられているということを意味しよう。おそらくこれは、この神話が輸入されて間もない、初期のころの伝承の残存であって、日本の土着文化には、このような三者を同一視する観念はなかったために、その後この類の伝承は急速に消えていき、タカミムスヒの性格も変化していったのではないかと推測される。

タカミムスヒは、次章で詳述するように天孫降臨神話本来の主神であるから、この伝承は、天孫降臨神話の系統を示唆する、きわめて重要な証拠の一つである。

鍛冶師型建国神話

第二点として、鍛冶《かじ》伝承の要素をあげよう。北方遊牧民族の建国神話には、鍛冶の色彩が濃厚である。たとえば、六、七世紀のころ北方ユーラシアに広大な帝国を作った突厥の王は、「天」より生まれ「天」によって国を与えられたと、己れの出自が「天」に由来することを書簡や碑文で標榜しているが、同時に、始祖伝承で先祖は鍛冶屋だったともいっている。あるいはまた時代は下るが、モンゴル王朝では、「毎年、除夜に、鍛冶師が君主の面前で熱した鉄をきたえ、満廷の人士は、おごそかに上天に感謝する儀礼を行った」(ドーソン『モンゴル帝国史』)とあるように、国家の重要な儀礼として、建国の昔を再現する鍛冶儀礼が、毎年除夜に行われていた。これはチンギス・カン生誕の二千年前、モンゴル族が存亡の危機にあったとき、鉱坑を鎔解して活路を切り開いたとされるモンゴル族の始祖伝承を追憶して行われる行事だということである。北方遊牧民の始祖神話は、これらの例にもみるように鍛冶伝承と切り離すことができない。しかしこの鍛冶の要素も、中国の天子観にはみられない。

一方日本はどうかといえば、天孫降臨神話の主神タカミムスヒに鍛冶の要素が付着しているのである。しかもそれは鍛冶師型の創造神話である。すなわちさきに引いた『日本書紀』の顕宗天皇三年条をみると、そこに「タカミムスヒは、天地を鎔造《ようぞう》した功績がある」と明記されているのである。「鎔造」とは金属をとかして鋳型にいれて物をつくることである。

モンゴル王朝の始祖神話のなかにある鍛冶伝承について、そこには本来、鍛冶族による天地開闢《かいびゃく》神話があったのではないかと村上正二氏は推測している(「モンゴル部族の族祖伝承(二)」)。タカミムスヒの「天地鎔造」は、かつてあった、そういった鍛冶師型創造神話の片鱗である可能性がきわめて高い。いずれにしてもこれが、北方民族の伝承につながることは、まず間違いのないところであろう。「天と日月」に加えて、このこともまた、初期の時点におけるタカミムスヒの系統をつよく示唆するものである。

ところで朝鮮半島についていえば、現存する朝鮮の建国神話には、鍛冶の要素は、痕跡はみられるが顕著ではない。北方民族からの伝播の経路として、朝鮮半島には当然もっと残っていてもよいと考えられるが、新羅の伝説的始祖のひとりである脱解《だっかい》が、「先祖は鍛冶屋だった」と言ったという伝承(『三国遺事』)や、天帝の子が鞭で地面に画をかくと、たちまち「銅室」が現れたという朱蒙伝説(『旧三国史』東明王本紀《とうめいおうほんぎ》)の一節に、わずかにその痕跡とみられるものが残っているほかには、はっきりした鍛冶伝承は残っていない。それだけに『日本書紀』の伝承は、鍛冶師型天地開闢神話の残存として、断片的ではあるが、きわめて貴重な記録である。

「天」と支配者との血のつながり

第三点としてあげたいのは、「天」と支配者とのあいだの血のつながりである。周知のように中国では、「天」から「命《めい》」をうけた有徳の為政者が、天子になるのであって、「天」の血をわけた子が天子になるわけではない。しかし日本の天孫降臨神話や、その源郷である朝鮮半島から北方ユーラシアにかけての地域の神話では、みな「皇天」や「上天」の子が天降って支配者になる。つまり「天」と支配者は血縁で結ばれているのである。この「天」と支配者との間の血縁関係の有無も、中国の支配者(天子)観と、日本や北方ユーラシアの支配者観とを分ける明白な違いの一つである。上述した二つの相違点、「天」と「日月」の同一視と鍛冶伝承の要素は、日本にとってはこの神話を導入した当初にだけみられたもので、その後は早々と消失してしまった特色であるが、これは後世まで残った日本の降臨神話の重要な特色である。

では、日本の天孫降臨神話や、その源郷である朝鮮半島や北方ユーラシアの国々の始祖伝承では、なぜ「天」と支配者が血縁で結びついているのか。この点についての私の考えを、簡単に述べてみると、それは、ひと言でいえば、日本や北方ユーラシアの支配者観・王権観は、「神話」によって語られた思想だからである。

序章でふれたように、「神話」はまだ文字がなかった時代の産物であって、無文字社会にのみ固有の特徴をもっている。その一つに、自然を擬人化して表現すること、そしてそれを一つの筋書きをもった興味深い物語として語ること、すなわち擬人化と物語化という特徴がある。

ギリシア神話に、大地母神ガイアが世界を創造する神話があるが、ガイアは混沌からひとり生まれると（彼女は大地そのものである）、最初ひとりで天の神ウラノス（天そのもの）や海の神（海そのもの）を生むが、やがて自分が生んだ天と結婚して多くの子を生む。そしてその子どもたちがさらに、兄妹同士で結婚して、全世界の川や泉、太陽や月などを生んだとされている（ヘシオドス『神統記』）。混沌から最初に大地が出現し、次いで天や海が現れ、大地と天との間にさまざまな自然が創造されたという宇宙観・自然観を、ガイア神話はこのような形で擬人化し物語化して語っている。

このように宇宙や自然を擬人化してとらえる捉え方、そしてそれを、一つの筋書きをもった興味深い物語としてかたる物語化の仕方は、私たちのイザナキ・イザナミ神話と、基本的にたいへんよく似ている(イザナキ・イザナミ神話については第三章で述べる)。この神話でガイアは、大地そのものであるにもかかわらず、夫の横暴にすっかり腹を立てる人間と少しも変らない存在として描かれているし、イザナミは、大八嶋《おおやしま》(日本列島)を生むほど巨大な存在であるのに、夫イザナキと、オノコロ嶋で愛を語り合ったりする。

そしてこれらの神話では、大地と天、あるいは大地を流れる川や泉といった自然同士の関係が、親子・兄妹といった血縁の関係で表現されるが、これはガイア神話やイザナキ・イザナミ神話に限らない、世界に共通の、「神話」のいわば常套手段である。地上世界を治める支配者の先祖が、「天」あるいは太陽と「大地」との間の子であるといった、いま問題にしている北方ユーラシア地帯の人々の発想は、神話の世界では少しも珍しいものではない。「天」と「地」が擬人化されて、その結婚や子の誕生が、人間と少しも変らない夫婦・親子の物語としてこと細かに語られるのは、神話の世界では見慣れた風景である。

すなわち「天」と支配者との血縁関係は、「神話」の発想からきている。それは当時北方ユーラシアや朝鮮半島の人々が、基本的にはまだ文字をもたない民族だったからで、その点で、五世紀の日本はこの思想、つまり天孫降臨神話を取り入れるのが容易だった。このことも、天孫降臨神話が導入された一つの大きな要因である。

「天」の観念

最後に「天」の観念にふれておくと、四世紀以前の日本には、後述するように(第三章)、北方遊牧民の間にあるような「天」という観念はなかったし「天」の至高神もなかった。それは、日本にとっては天孫降臨神話とともに北方からやってきたものである。そして北方ユーラシアの「天」と、中国の「天」との間にも、私のみるところ、本質的な違いがある。

中国の「天」観は、殷《いん》・周以来の長い歴史をもち、その間にさまざまな説が生まれて変化・発展を遂げているが、諸子百家の時代から漢代にかけての「天」は、儒家の善なる意志をもった道徳的で人格的な天と、墨家の祥瑞や災異を下す天とを総合したものだということである(『中国思想文化事典』「天」の項目)。その中国の「天」観の源流の一つである殷の「上帝」は、白川静氏(『甲骨文の世界』)や松丸道雄氏(『中国文明の成立』)によると、占いに答える神であって、いわば「宇宙の意志」の如きものを形象化した概念といえるようである。したがってこの神は、その意味での絶対神であり世界の根源者であって、自然の一部であり、自然そのものである太陽や月などとは、まったく次元を異にしている。ついでにいえば、日本古代では究極者は形象化されていない(拙論「名づけられていない神――日本古代における究極者の観念」)。中国の「天」

が、さきに引いた「道徳的・人格的」な天であれ、あるいは後世の「天理的」天であれ、つねに宇宙の究極の意志、あるいは理法をめぐって論じられるのは、中国の「天」が、最初からそのような性格をもっていたためではないかと、専門外ではあるが私は考える。

護雅夫氏によると、北方遊牧民が崇拝する天・上天の神は「テングリ」とよばれるが、それは同時に、天そのものをも表し、「頭上をおおう天空そのものが神として観念されているらしい」ということである(『遊牧騎馬民族国家』)。おそらくそのためにこの神は、上述のように太陽と言い換えられたり、月と言い換えられたりすることができた。それらはみな自然の一部である点で同質だからである。太陽や月は天の中心にあって、彼らにとっては、「天」をいわば代表する存在だった。

以上この章では、天孫降臨神話はいつ、どこから来たかについて、四、五世紀頃の東アジア情勢と関連させながらみてきた。中国王朝の弱体化にともなう北方遊牧民の活発化と、華北から北方ユーラシア全域にまたがる大動乱の余波が朝鮮半島から日本列島にも及ぶという時代背景が、あきらかに日本の国家形成にも影響を与えている。その一つが、日本の王権思想、すなわち天孫降臨神話のこれらの地域との共有である。北方ユーラシアの古代文化は、現在存在感が希薄であるが、天孫降臨神話の理解にはこの文化を欠かすことはできない。

第二章　タカミムスヒの登場

「タカミムスヒ」は、いまでは完全に忘れ去られた神である。日本神話の最高神は誰かと聞かれたら、多くの人は躊躇《ちゅうちょ》なく「アマテラス(天照大神)」と答えるだろう。たしかに奈良時代以降、もう少し厳密にいえば七世紀末以降、アマテラスは天皇家の先祖神であり、神界の最高神だった。しかしそれ以前はそうではなかった。それ以前、すなわち七世紀以前に最高神・皇祖神の地位についていたのは、この耳慣れない名前の、「タカミムスヒ」という神だった。では「タカミムスヒ」とはいったいどのような神か。前章で、天孫降臨神話は五世紀初頭に朝鮮半島から導入された、北方系王権神話の系譜を引く神話だとする見解を述べたが、ではタカミムスヒはどうか。天孫降臨神話とともに、やはり北方からやってきた外来の神なのだろうか。

本章では、アマテラス以前の最高神であるタカミムスヒについて、その名前の意味や、どこでどのように祭られていたかなど、この神の輪郭をたどるが、しかし本章の主要な目的は、なによりもこの神が、たしかに天孫降臨神話本来の主神・最高神であり、ひいては皇祖神・国家神であったことを、あらためて確認することにある。

そこでその点を最初に確かめた上で、神名の意味や、あるいはまた太陽神か霊力神かといった、この神をめぐるいくつかの問題をとりあげ、最後に外来神か土着神かについて検討するといった順序ですすめることにしたい。

天孫降臨を命令したのは誰か

天皇家の先祖である天孫に、地上世界（日本）の統治を命じて天降らせたのは誰かという問題は、実は研究者の間では、すでにかなり以前に決着がついている。すなわち、いま述べた「タカミムスヒ」という忘れられた神が、天孫に天降りを命じた降臨神話本来の司令神（主神）であって、「アマテラス」はあとからその地位についた後発の主神だということが、すでに共通の認識になっている。

そのような結論が出された詳しい経緯は別稿に譲って（拙著『王権神話の二元構造』）、かいつまんで要点のみ述べると、まず天孫降臨神話には、『古事記』と『日本書紀』に、合わせて六つの異伝がある。その内訳は次のようになっている。

1　タカミムスヒを主神とするもの　『日本書紀』本文、および第四、第六の一書
2　アマテラスを主神とするもの　『日本書紀』第一の一書
3　タカミムスヒとアマテラスを主神とするもの　『日本書紀』第二の一書
4　アマテラスとタカミムスヒを主神とするもの　『古事記』

（「異伝」とは、『記・紀』が編纂されたとき編者の手元にあった出所や内容の異なる伝承のことである。とくに『日本書紀』は神話ごとに異伝を大量に載せている。『日本書紀』は採用した本文以外の異伝を掲載する際「一書に曰く」として載せているので、通常、一書ごとに順番をつけて「第一の一書」「第二の一書」というように呼ぶ。本書もそれに従う。）

『日本書紀』は、右のようにタカミムスヒを主神とするもの（タカミムスヒ系とよぶ）を正伝として本文にあげ、アマテラスを主神とするもの（アマテラス系とよぶ）は、正伝ではない異伝（第一の一書）に位置づけている。3と4は、二神をともに主神としてあげているタイプであるが、3は、大半がタカミムスヒ系の伝承で、後半部分に少しアマテラス系を載せるといった形であるのにたいし、4の『古事記』は、アマテラスを主体にしながら、二神の名を並べて載せるという独自の形をとっており、3とは違っている。

このような六つの異伝のあり方を、さまざまな面からつぶさに考察した結果、タカミムスヒ系の方が古いという結論が出されたわけである。たとえばその理由の一つとして、このなかのアマテラス系は、タカミムスヒ系の神話を元にして、主神の「タカミムスヒ」の名を「アマテラス」に変え、さらにアマテラスに関連する事柄など、新しい要素をいくつか加えて作られたものであることが、両者の比較検討をとおしてはっきりしたということがある。つまりこの二種類は、それぞれがまったく独自に作られた別種の神話かというと、そうではない。

そのアマテラス系の降臨神話が付加した要素の中には、有名な三種の神器《じんぎ》や「天壌無窮《てんじょうむきゅう》の神勅《しんちょく》」など、後で加わったとみられる最も新しい要素がたくさんはいっている。またサルタヒコやアメノウズメの話もある。サルタヒコは伊勢の土着神だし、アメノウズメは、第三章で述べる天岩屋《あめのいわや》神話でアマテラスを岩屋から連れ出すことに貢献した神で、いずれもアマテラスと関係が深い。

ともかくこのようにして、現在タカミムスヒ系の降臨神話のほうが古い伝承であることについて、反対する人はほとんどなく、いまやこの点についてはまったく問題がない。つまり天孫降臨神話の本来の主神、すなわち天孫に地上世界の統治を命じた国家神・皇祖神は、衆目の認めるところ、アマテラスではなくタカミムスヒだった。

『古事記』とアマテラス

このように、タカミムスヒが本来、降臨神話の主神であったことに異を唱える人は、専門の研究者のなかには、いまではほとんどいない。にもかかわらず、一方では相変らずアマテラスこそが古くから最高神であり皇祖神であったと信じて疑わない人がいまなお少なくない。それはなぜだろう。奈良時代以後はずっとアマテラスが最高神だったので、その印象が強いということもあるだろうし、逆にタカミムスヒの存在感が薄いことなど、おそらく理由は一つではないだろうが、なかでも『古事記』の影響がかなり大きいのではないかと私は考える。

『古事記』はコンパクトで読みやすく、日本神話について知りたいと思う人が、まず手に取る本である。『古事記』には漢文的な言いまわしも多少は入っているが、基本的に古い日本語を生かした和文体の文章で書かれており、これが何物にもかえがたい魅力である。そのためもあって『古事記』は古いという感覚が人々の間に根付いている。事実、使われている日本語の言葉自体は確かに古いのであるが、神話の構成の仕方は、後章(第五章)で述べるように、実は『日本書紀』よりずっと大胆で新しい。序章でも引いたが、『古事記』は降臨神話の前段にあたる国譲りの冒頭で、

アマテラスオオミ神のお言葉で、「豊葦原《とよあしはら》の千《ち》秋《あき》の長五《ながい》百《ほ》秋《あき》の水穂《みづほ》の国《くに》は、我が御子正勝《まさかつ》吾《あ》勝勝速日天忍穂耳命《かつかちはやひあめのおしほみみのみこと》が統治する国であるぞ」と国の統治を委任なさって、天からお降しになった。

(『古事記』上巻、葦原中国平定条)

と書いて、アマテラスこそがこの神話の主役であり天上界の最高神であることを、強く打ち出している。

ところが注意して読むと、そのあと天上界の主神が神々に命令を下す箇所ではすべて、タカミムスヒとアマテラス二神の名を、『古事記』はともに主神として併記しているのである。二神の名前の順番は、最初の二例はタカミムスヒが先、あと五例はすべてアマテラスが先と細かい配慮がみられる。『古事記』の皇祖神にたいする扱い方をみるポイントになる重要な点なので、もう一度、序章で引いたのとはまた別の個所をあげてみる。

タカミムスヒの神・アマテラスオオミ神のお言葉で、天《あめ》の安《やす》の河《かわ》の河原に八百万《やおよろず》の神を集め、思金神《おもいかねのかみ》に思案させて、「この葦原中国《あしはらのなかつくに》は、わが御子が統治する国であると、委任して与えた国であるぞ。しかしこの国には荒ぶる国《くに》つ神《かみ》が大勢いる。どの神をやって、平定したらよいだろう」とおっしゃった。

（『古事記』上巻、同条）

このように、二神はまるで一人格であるかのように、同時に口を開いて、同じ命令の言葉を発している。このことにさして注意を払わない読者も少なくないが、これはやはりどうみても奇妙な、不自然な光景ではあるまいか。研究者のなかには、これに深遠な神学的解釈をほどこしている人もあるが、二神をともに主神として並べるこのやり方は、おそらく一つには、長く主神であったタカミムスヒを、いきなり排除するのが躊躇されたためにとられた方法であり、また一つにはムスヒを奉祭する勢力(第四章で述べる)への配慮からきたものではないかと私は考える。

いずれにしてもこのような叙述のあり方は、むろんタカミムスヒ時代にはありえず、また完全にアマテラスに移行したあとでもありえない形であって、主神がタカミムスヒからアマテラスへ移行・転換する、その過渡期(七世紀末～八世紀初頭)で『古事記』が作成されたことをよく示している。

『古事記』と『日本書紀』

なおここでひと言さし挟んでおくと、『古事記』と『日本書紀』は、いまでこそ、ともに最古の歴史書として並び称され、というより、『古事記』のほうがむしろ圧倒的な人気を誇っているが、古代から中世にかけてのころはそうではなかった。『日本書紀』は、国をあげて編纂された堂々たる正史として重視され、編纂直後に朝廷では貴族・官人を集めて、おひろめの講読会が開かれている。その後もほぼ三十年おきに、その時々の最高の博士を講師にした講読会が開催されるといった、由緒正しい権威ある歴史書だった。この『日本書紀』の講読会は、平安中期まで七回にわたって行われ、日本の古典学の知識層への普及・継承に大きく貢献した。そうしたこともあって、写本にしても、『日本書紀』は古くは平安初期・中期から、鎌倉時代

(九世紀〜十二、三世紀)にかけての古写本が大量に遺されている。

なお、『日本書紀』について、ここでとくに注目しておきたいこととして、その記事内容にたいする貴族・官人間での信頼度の高さがある。現代の私たちには、到底史実とは思えないような神話・伝説的な内容の記事であっても、それが『日本書紀』に記載されているというだけで、氏《うじ》の地位や職掌を証明する際の決定的な証拠と、平安初期のころまではみなされていた。

これにひきかえ『古事記』は、その成立時期を記す確かな記録も、『古事記』自身の「序」以外にはなく、他の文献に引用された例も、さきの『日本書紀』の講読会では参照すべき書の一つとして引かれているが、一般的にいえば寥々たるもので、『日本書紀』とは比較にならない存在感の希薄な文献だった。たとえば平安・鎌倉期の文学作品における『古事記』の引用は皆無ということである(青木周平編『古事記受容史』)。北畠親房《きたばたけちかふさ》の『神皇正統記《じんのうしょうとうき》』をみても、神々の伝承を学ぶのに、『日本書紀』や『旧事本紀《くじほんぎ》』(平安中期の歴史書)・『古語拾遺《こごしゅうい》』(神祇氏族である忌部氏によって平安初期に書かれた歴史書)は重んじるべきだとしているが、そのなかに『古事記』は入っていない。写本にしても、現存最古の写本が南北朝期(十四世紀後半)というように、『日本書紀』とは大きな差がある。この差は、書物の利用状況・流布状況をそのまま反映している。

『古事記』が現在のように脚光を浴びるようになったのは、本居宣長《もとおりのりなが》以後のことである。しかし、このように言ったからといって、『古事記』は史料価値が低いなどと、私は言おうとしているのではない。書物の価値と、それがどの程度流通したかとは無関係である。が、『日本書紀』がそのように信頼度の高い、権威をもった書であったということは、タカミムスヒについて考える上で、無視できないことである。

どこで、どのように祭られていたか

話を本論に戻すと、述べてきたように、天孫降臨神話の主神は誰かという問題は、すでに決着がついている。すなわちタカミムスヒが主神であり、したがってタカミムスヒが皇祖神であり、国家神であったのは疑う余地のないことである。しかし長年のアマテラス信仰をくつがえすのには、このことだけでは足りないだろう。そこで天孫降臨神話の主神の問題に加えてもう一つ、そのことをさらにはっきりさせるものとして、「月次祭《つきなみのまつり》」という宮廷の祭りを、次に取り上げることにしたい。この祭りと、この祭りのときに読み上げられる祝詞《のりと》は、タカミムスヒについてみる上での必須事項であり、必須文献である。そしてタカミムスヒがどこで、どのように祭られていたかも、これによってよくわかる。

日本古代では、他の国々とは違い、王(天皇)がみずから先祖神を祭ったことはなかったと長い間言われてきた。しかしそれは、アマテラスを先祖神とした場合のことであって、タカミムスヒは、年二回、天皇がみずから祭っていたのである。それが「月次祭」である。月次祭は、

律令（神祇令《じんぎりょう》）によると六月・十二月の年二回行われた国家的祭祀であるが、「つきなみのまつり」という名称からみて、もともと毎月行われていたのだろうと本居宣長は言っている。七世紀以前のことは、記録がなく確かなことはわからないが、八世紀以後の祭りに関しては、神祇令にはっきりと記されている。

それによると、数多くある公的祭祀のなかで、二月に行われる祈年祭と、この年二回の月次祭に限って、百官が神祇官に参集し、中臣《なかとみ》（神祇担当の氏）による祝詞の宣上と、忌部《いんべ》（同じく神祇担当の氏）による班幣《はんぺい》（全国三百あまりの主だった神社の神々に、神への供物である幣帛《へいはく》を分かつ行事）が行われることが規定されている。つまり朝廷で行われる祭りのなかでも、とりわけ重要視された祭りだった。しかも月次祭は「天皇親祭」である。古代に天皇親祭で行われた祭りは、この年二回の月次祭と新嘗祭《にいなめさい》のみだった。「天皇親祭」は、「神今食」（「かむいまけ」、あるいは「じんこんじき」）とよばれる夜の神事を伴う祭りで、天皇は夜、宮中の中和院《ちゅうかいん》内の神嘉殿《しんかでん》という所に、みずから神を迎えて酒食をともにした。神殿には天皇の御座とともに神座も用意され寝具が奉られた。神との共食・共寝の儀式といわれている。

なおタカミムスヒは、ふだんどこで祭られていたかというと、宮中の神祇官西院の「八神殿《はっしんでん》」という神殿で、専属の大御巫《おおみかんなぎ》によって常時手厚く祭られていた。

そのように朝廷でとくに重要視され、律令制定以後でも年二回、それ以前は毎月行われていたかもしれない月次祭とは、いったい何の祭りかというと、その内容については、月次祭で読み上げられる「月次祭祝詞」が明白に語っている。なお三宅和朗氏の分類によると、「月次祭祝詞」は、「律令制成立期、それも大宝令以前にまとめられた可能性が強い」祝詞のグループに属する古い祝詞だということである(『古代国家の神祇と祭祀』)。

月次祭の祝詞

これまで、なぜかあまり注目されてこなかったが、月次祭の祝詞は、日本の古い皇祖神祭祀についてみる上で欠くことのできない史料である。そこでその内容を、以下やや詳しくみていきたい。

前置きの部分を除くと、まず第一段では、宮中の「八神殿」に祭られているタカミムスヒを初めとする「宮中八神」にたいする感謝の言葉が述べられる。次に第二、三、四段では、同じく宮中で祭られている、井戸の神や宮殿の敷地の神、そして御門《みかど》の神など宮殿の守護神、それに国土(八十島《やそしま》)の神への感謝が述べられる。ついで第五、六、七段では、天皇に野菜を献上する皇室の直轄地である御県《みあがた》の神、宮殿造営のための材木を献上する地域の神、天皇が召し上がる酒食のための稲を献上する神への感謝が述べられる、といった内容である。

すなわち前半、第一段から四段までは、宮中で常日頃祭られている宮廷の神々にたいする感謝、後半第五段から七段までは、天皇の生活維持に直接かかわる食料や、住居のための用材などの提供に関係する神々への感謝が述べられる。そして、これらの神々へ感謝のしるしとして、天皇が直接幣帛《へいはく》(神への供物、みてぐら)を奉りますというのが、この祝詞が語っているおよその内容である。百官が参集して執り行われる国家的祭祀にしては、あまりに天皇の身の回りの生活に直結した事柄ばかりが多く、私たちにはやや奇異に感じられるが、その問題への深入りは止めよう。いまこの祝詞でなによりも問題にすべきは、第一段の内容である。天皇による感謝の言葉が真っ先に述べられている、祭りの主祭神である「宮中八神」とはいったいどのような神か。またその神への感謝とはどのような内容の感謝か。

まず宮中の「八神殿」で祭られている、タカミムスヒを筆頭とする「宮中八神」とは次のような神である。

タカミムスヒ・カミムスヒ・タマツメムスヒ・イクムスヒ・タルムスヒ
オオミヤノメ・コトシロヌシ・ミケツ神　　(神名の順序は『古語拾遺』による)

見られるとおり、最初の五神はすべて「ムスヒ」の変化形としての神であり、それにオオミヤノメ・コトシロヌシ・ミケツ神といった、宮殿の神・託宣神・食料神など、「ムスヒ」を支える神がつくといった構成になっている。つまり八神の主体は、あくまで「ムスヒ」の神である。祝詞は第一段で、これら宮中八神の名前を列挙すると、続いてこれらの神にたいして次のような感謝の言葉を述べている。

天皇の御世《みよ》を、いついつまでも豊かに繁栄する御世であるようにと、お守りくださり、祝福してくださるので、〔その感謝のしるしとして〕我が皇祖神であられる神々に、皇孫である天皇の尊い幣帛を捧げます。

つまり月次祭とは、ひと言でいえば、皇孫である天皇が、皇祖神であるムスヒの神に、その加護にたいする感謝を述べる祭りである。

王権守護とタカミムスヒ

上述のように月次祭祝詞は第一段で、皇孫である天皇が、皇祖神タカミムスヒをはじめとする宮中八神に、その加護にたいする感謝を述べている。ところがこれとぴったり対応する伝承が、『日本書紀』や『古語拾遺』に載っている。天孫降臨の際にタカミムスヒが与えたという、次のような言葉である。

私〔タカミムスヒ〕は、アマツヒモロキとアマツイワサカ〔ともに神が降臨するための祭壇〕を造って、我が子孫のために加護を与えよう。お前たちアメノコヤネとフトタマ〔神祇担当氏族である中臣・忌部の伝説上の先祖〕は、このアマツヒモロキを護持して葦原中国《あしはらのなかつくに》に降り、我が子孫のためにお祭り申し上げるように。

（『日本書紀』天孫降臨条、第二の一書）

『古語拾遺』はこれとほぼ同文の伝承を載せ、同時に神武天皇条に、さらに次のような伝承も載せている。すなわち東征のあと橿原に建国した神武は、立派な宮殿を建てさまざまな祭祀具を揃えると、天降りの際の皇祖神の詔勅にしたがって、〔天から持ち降った〕祭壇を設置した、というのである。そしてそれが、現在宮中で御巫によって祭られている、タカミムスヒ以下の宮中八神であると説明している。

つまり「宮中八神」の祭壇について、これは天孫降臨の際、タカミムスヒが自分の子孫である天皇家の繁栄のために、みずから造って与えたものだという伝承が伝えられているのである。

アマテラスは後発の国家神

月次祭祝詞には、もう一つきわめて興味深い問題がある。それはアマテラスが後発の皇祖神・国家神であることを鮮明に示す内容が、この祝詞に含まれているという点である。さきに月次祭の内容について略述した際には省いたが、その第四段の国土(八十島)の神にたいする感謝の条のあとに、実は引き続いてアマテラスに関する段がある。

辞別《ことわ》きて〔言葉を分けて、また別に〕、伊勢に坐《いま》す天照らす大御神《おおみかみ》の大前に白《もう》さく

という前置きではじまるこの段は、内容・形式ともに全般にわたって、種々の点で他の段とは異質で、以前から後次的な挿入ではないかと疑われている。早く金子武雄の『延喜《えんぎ》式《しき》祝詞講』は、これは月次祭祝詞にもともとなかった部分で、後の挿入であろうとしているし、松前健氏もこの部分はどうみても、あとからの付加物で、アマテラスは本来の祭神ではないと指摘している(『日本の神話と古代信仰』)。私自身もこの点については詳しい分析を行い、後次の挿入であることを確かめている(拙著『王権神話の二元構造』)。

　そこで、このアマテラスの段の後次挿入説が正しいとすれば、要するに月次祭祝詞は、もともとタカミムスヒが皇祖神であった時代に作られ、あとでアマテラスが皇祖神に昇格するに及んで、アマテラスにたいする段を第四段のあとに加えたということである。つまりこの祝詞は、アマテラスがあとから加えられた後発の皇祖神であることを、手に取るように明白に示した貴

重な文献である。

概略の説明でわかりにくかったかもしれないが、ともかく以上のようにして、月次祭祝詞の内容と『日本書紀』や『古語拾遺』の伝承とを総合して考えると、朝廷で最重要の祭祀として、天皇みずから執り行ったこの祭りは、これこそ、皇祖神・国家神であったタカミムスヒを祭る、王権の先祖祭祀であった。

タカミムスヒからアマテラスへの転換はいつか

以上、天孫降臨神話と月次祭、つまり「神話」と「祭祀」の双方から、皇祖神は誰かをみてきた。とりわけ月次祭の祝詞には、一つの祝詞のなかに、タカミムスヒとアマテラス二神の関係が、絵に描いたようにはっきりと示されている。そして、この祝詞によっても、また先述のように『古事記』が天孫降臨神話で二神の名を並べていることからもわかるように、タカミムスヒからアマテラスへの転換の時期は、そんなに遠い昔のことではなかった。ではそれはいつごろか。これについては後の第五章で述べるが、ここで早めに結論のみ述べておくと、それは七世紀末から八世紀はじめにかけてのころであったと考えられる。

アマテラスがいつ皇祖神の地位に就いたのかという問題は、これまで述べた天孫降臨神話の主神の問題とは別に、伊勢神宮論の形で、戦後早くから議論されてきた。つまり伊勢神宮が、古くから皇祖神を祭る神社であったとは、種々の点からみて考えにくいところがあり、いつから皇祖神を祭る宮に昇格したのかが問題になってきたのである。直木孝次郎氏がこの問題で、「日の神をまつる地方神の社であった伊勢神宮が、皇室の氏神社の地位にのぼったのは奈良時代初期前後である」という見解を発表して広い支持を得たのはすでに四十年以上も前のことで、その後この説はほぼ通説として定着している(「天照大神と伊勢神宮の起源」)。このアマテラスの皇祖神昇格問題について、私はどちらかといえば伊勢神宮問題より、天孫降臨神話の主神の問題や月次祭の問題を中心に考えてきたが、伊勢神宮の問題からみても、上述のように結論は同じで、私は直木説に賛成である。

そこで、現在すでに通説になっている直木説や、上述の月次祭の祝詞の内容などを考え合わせ、さらに前章で述べた、天孫降臨神話は五世紀前半に北方から導入されたとする私見とを合わせて、日本の皇祖神・国家神の変遷を描くと、ほぼ次のようになる。

ヤマト王権時代(五世紀～七世紀)――タカミムスヒ
律令国家成立以降(八世紀～　)――アマテラス

五世紀初頭は、前章でみたように、国家形成が緒に就いた日本歴史のきわめて大きな変革期であり、七世紀末は、周知のように官僚制による中央集権国家（律令国家）がはじめて成立した、やはり日本歴史の画期である。タカミムスヒからアマテラスへという国家神の転換は、そのような歴史の変化にぴったり対応している。

野外の皇祖神祭祀

タカミムスヒがどこでどのように祭られていたかについては、すでに宮廷内で天皇親祭で祭られていたことを述べた。しかし宮廷内における皇祖神祭祀は、ある程度都城も定まり、宮殿も整備されて以後のことであって、宮殿がまだ天皇の代ごとに移転していた時代には、おそらく祭りのたびに皇祖の神、つまりタカミムスヒを迎えて祭る野外祭祀だったのではないかと考えられる。そこで、そのような時代の、野外祭祀を推察させる記録にふれておく。それは『日本書紀』神武天皇四年の次のような記事である。この記事は、また皇祖神が古くはタカミムスヒであったことを示す記事の一つでもある。

さて神武紀によると、神武天皇は東征のあと大和の橿原を都に定めて、そこで建国し即位したのであるが、立后や東征に功績のあった臣下にたいする論功行賞など、即位にともなう一連の行事が無事にすんだ四年の春二月に、神武は詔勅を下して次のように言ったとされている。

我が皇祖の霊が、天からご覧になって、私を照らしお助けくださった。今諸賊をすっかり平定し、天下は平和に治まっている。天神を郊祀《こうし》して、大孝の志を申し上げよう。

そこで斎場を鳥見《とみ》の山中に設けて、「皇祖の天神」を祭ったというのである。

神武紀は、むろんその構成全体が虚構であるが、細部には歴史事実がさまざまな形で取り込まれている。ここで「郊祀」(古代中国で、天子が都の南郊の天壇で天帝を祭った祀り)という言葉が使われているところから、この記事全体を中国思想による創作とみる見方もある。しかし大方の意見がそうであるように、この「郊祀」の語は編纂者の修飾にすぎないもので、ここでは単に天皇親祭の祭りを意味する語として使われていると私も考える。この橿原の宮郊外の、鳥見の山中における祭りの記事は、さきに述べたような、宮殿がまだ天皇の代ごとに移転していた時代に実際に行われていた野外祭祀の記録を、やや手を加えて取り込んだものではあるまいか。

もし中国の郊祀の模倣であれば、円丘の壇が築かれるはずだが、この斎場は山中である。それになによりも、郊祀は天子がみずから「天帝」を祭るのが本義であって、それとあわせて先祖の皇帝を祭ることもあるのにたいし、この神武による祭りではもっぱら「皇祖」つまり先祖神が祭られている。中国の天子が祭る「天」は、前章でもみたように先祖神ではない。

この神武紀における「皇祖の天神」について、諸注釈書は一致してタカミムスヒであろうとしているが、私もその説に賛成である。これは皇祖神タカミムスヒを祭った野外祭祀の、貴重な記録の痕跡ではないかと考える。

なおこのような野外祭祀の際には、神を迎える寄り代《よしろ》として、高木が立てられたのではないかと私は想像を逞しくしている。『古事記』が記しているタカミムスヒの別名「高木神《たかぎのかみ》」からの連想である。高木を立てて太陽を祭る習俗は、古代以来連綿と現在にいたるまで、北方民族をはじめとして中国南部の少数民族、東南アジア一帯にも広く分布している。

「タカミムスヒ」の意義

タカミムスヒは、『古事記』では「高御産巣日《たかみむすひ》の神」、『日本書紀』では「高皇産霊《たかみむすひ》の尊」と表記されているが、この名前は一度聞いてもすっきりとは頭に入らない、わかりにくい名前である。第一発音がしにくい(ムスヒの「ヒ」は濁音ではなく清音である)。これに比べると、アマテラスは、『古事記』では「天照大御神」、『日本書紀』では「天照大神」と表記されるが、きわめて単純明快なわかりやすい名称である。神話について何も知らない人でも、「天をあまねく照らす偉大な神」といった意味だろうとほぼ見当がつく。そしてアマテラスのほうが、いかにも堂々とした大きい名前という感じがある。

しかし古代の、とくに支配層の人々にとってはおそらくそうではなかった。かれらにとってはタカミムスヒのほうが、アマテラスに比べてはるかに格式の高い名前として感じられていたに違いない。なぜなら「天照らす」は日や月に使われるごくふつうの形容語で、「大神」も「出雲大神」など他にも多数ある名称であるが、タカミムスヒの「タカミ」は、タカ(高)とミ(御)二つの美称を重ねた、「高く尊い」という意味の言葉で、これは皇位や天皇の座をさす「タカミクラ(高御座)」という語にみるように、皇室に関する事柄にのみ使われる最高級の美称だからである。『日本書紀』が「高皇産霊《たかみむすひ》」と書いて、この神名には「皇」の字を当てているように、この美称にはあきらかに「皇室」の意味が含まれている。

このように「タカミ」はほめ言葉であるから、この神名の本体は「ムスヒ」である。これはまたさらに「ムス」と「ヒ」に分かれる。このうち「ムス」は、「ヒ」にかかる形容語で「生産」「生成」を意味する語であろうという点は諸説一致している。

そこで問題は「ヒ」の解釈である。これが、要するにこの神名の核であるから、この「ヒ」をどうとるかによって、この神が何の神であるか解釈が分かれるわけである。そして、現在これには「霊力」とみる説と「日(太陽)」とみる説の二説があり、そのどちらをとるかによって、タカミムスヒは、霊力神か太陽神かに分かれる。

結論からいうと、私は太陽神説をとる。霊力神説の根拠は、主として『日本書紀』の表記の「産霊《むすひ》」にあって、これを「生成の霊力」と解釈するのである。しかしこれは、私見では『日本書紀』の神名表記の方法にたいする誤解からきた見方であって、『日本書紀』の記述者は日本語の「ムス」を「産」に、「ヒ」を「霊」に逐語訳したわけではない。生成力をもつ「神霊」であるから「産霊」としたのである。『日本書紀』の神名表記の特徴について、縷々述べる余裕はないが、『日本書紀』は日本語の神名を、その神が、およそどのような性格の神であるのかわかるように表記している。その場合、漢語として違和感のない名称で表現することが、漢文の文献である『日本書紀』にとっては重要である。もし仮に、日本語でムス＝産、ヒ＝日だからといって、日本語の語順のままに「産日」と表記したら、太陽を産む神になってしまう。

漢語としてわかることに重点をおいたため、『日本書紀』の場合、日本語の神名がもっている意味のうちの、ある部分は省略されてしまうこともしばしば起きている。一方『古事記』は、日本語として発音できることに主眼をおき、漢字の意味には頓着しないという、『日本書紀』とはまたまったく異なる方針のもとに表記している。一例をあげると、山の神・海の神を意味する「ヤマツミ」「ワタツミ」という古い神名があるが、これを『日本書紀』は「山祇《やまつみ》」「少《わた》童《つみ》」と書き、『古事記』は「山津見《やまつみ》」「綿津見《わたつみ》」と書いている。

太陽神としてのタカミムスヒ

詳述する余裕がないが結論のみいえば、私は「ヒ」一語の意味は「霊力」ではなく、太陽を意味する「日」であったと思う。したがって「ムスヒ」は、「万物を生成する日」という意味である。天照高彌牟須比命《あまてらすたかみむすひのみこと》や、天照御魂神《あまてらすみむすひのかみ》（後述）といった、「タカミムスヒ」や「ミムスヒ」に、「天照」という形容語をつけた神名が古文献にあるが、それらの例もこの見方を支持している。なぜなら「天照」は太陽や月にしか使われない形容語だからである。またタカミムスヒは皇室の先祖神であるが、皇室の子孫は記紀歌謡（『記・紀』に収載されている歌謡）や『万葉集』などで「日の御子」と呼ばれている。これは従来アマテラスの子孫だからだろうと考えられてきたが、そうではなく、タカミムスヒの子孫だから「日の御子」なのである。

　このようにタカミムスヒは太陽神であるが、しかしこの神は、日本土着の太陽神であるアマテラスとは、同じ太陽神ではあってもその性格を大きく異にしている。この神が外来神であることについてはあとで述べるが、前章でみたように、北方ユーラシアに起源をもつ太陽神は、同時に天帝でもあり、またときには日月とも言い換えられる、ある意味では、観念的な性格をもった神であった。そのような性格を、タカミムスヒも当初はもっていたと考えられる。しかし日本に輸入されると同時に、当然ながら日本の伝統文化との混合が始まり、徐々に変質していく。それでも天の主神であり、太陽神でもあるという性格は、ヤマト王権時代には保っていたが、土着の太陽神であるアマテラスが皇祖神の地位に就くと、それも次第に曖昧になり、八世紀も後半以降になると、「ムスヒ」は一語で「魂」の字に当てられるようになっていく（『風土記』や『新撰姓氏録《しんせんしょうじろく》』では「ムスヒ」はほとんど「魂」で書かれている)。おそらく「ムスヒ」の「ムス」に重点がおかれて、生命力・活力を賦与する霊力である「魂」との混同が起きるようになったのであろう。このようにタカミムスヒの性格は、時代とともに大きく変遷している。

「天照御魂」という神

ここで、いま挙げた「天照御魂」という神について簡単に触れておきたい。従来この神は、「アマテラスミタマ」と訓まれて、タカミムスヒなどムスヒの神とも、またアマテラスとも異なる、別種の男性太陽神とされてきた。そのため、古代の日本に複数の太陽信仰が存在したことの証拠として、この神はしばしば取り上げられてきている。

しかしそれは、この神について詳しい研究を行った松前健氏(「尾張氏の系譜と天照御魂神」)が、「御魂」を「ミタマ」とよんで以来定着してしまった誤解である。松前氏の研究自体は非常に優れたものであるが、しかし神名の読み方は間違っている。この神は、「ミタマ」の神ではなく「ミムスヒ」、すなわちムスヒの神である。別種の男性太陽神ではなく、「ムスヒ」に「ミ(御)」という美称がついた、いま問題にしている「ムスヒ」と同じ神なのである。

「魂」という字は、ふつうに読むと「たましい」、あるいは「たま」であり、松前氏がタマとよんだのも不思議ではない。しかしこの神について記している『延喜式』神名帳《しんめいちょう》(平安初期に編纂された古代の神社に関する根本史料)は、「魂」の字を、タマにもムスヒにも使っているのである。たとえば神名帳には「大国魂神」や「高御魂神」といった神名が載っているが、前者はあきらかにオオクニタマであり、後者はどうみてもタカミムスヒである。したがって、神名帳の場合は、「魂」について、個々の神名ごとにタマとよむか、ムスヒとするか判定しなければならない。

山城国葛野《かどの》郡の「木嶋坐《きじまにいます》天照御魂神社」を筆頭に、神名帳には、畿内に五例、この同じ「天照御魂」という名をもつ神が記されている。この神を祭るのはいずれも格式の高い古社で、その地域きっての有力社である。そして、判明する限り、これを祭ったのがみな、王権に直接奉仕する伴造《ばんぞう》氏族であるところに、これをムスヒの神と判断する理由の一つがあるのであるが、この「伴造氏」との関係については第四章で述べる。なおいま挙げた山城の木嶋社の神については、古い文献にも「ミムスヒ」とふりがながある。

さらに、そもそも「タマ」は、物に内在してその物を活気づける生命力の観念である。国タマ・ウカ(穀物)ノミタマなど、それが何に内在する何のタマなのかつねにはっきりしている。したがってもしこれが、天を照らす「タマ」であったとすれば、一体それは何のタマなのか、宇宙を活気づける、宇宙のタマなのか、そのような概念がはたして古代の日本にあったのかが問題になってくる。日本列島に、複数の太陽信仰があった可能性を否定しようというのではないが、この「天照御魂神」についていえば、これはあきらかにムスヒの神、つまりタカミムスヒと同じ仲間の太陽神であって、王権の神、体制側の神であった。

日祀部の設置

タカミムスヒが太陽神であることが明確になると、これまで疑問とされてきた古代史上のいくつかの問題について、解決できる見通しが立ってくる。日祀部《ひまつりべ》(日奉部とも)という部《べ》(王権や中央豪族に隷属して労役を提供したり生産物を貢納したりした一団の人々、あるいはその組織)の設置もその一つである。六世紀後半に設置された皇室直属のこの組織が、宮廷の太陽神祭祀に奉仕するための部であろうということは、諸説が認めているところである。しかしその太陽神とは具体的にどの神を指しているのかが明確でなかったために、日奉部の存在自体が宙に浮いた感じで、これまで古代史のなかにはっきりと位置付けられてこなかった。アマテラスがその対象ではないことは、岡田精司氏の詳細な研究(『古代王権の祭祀と神話』)によってすでにあきらかになっている。しかし「ムスヒ」が太陽神であることが確認されると、宮廷の太陽神祭祀といえばタカミムスヒの祭祀以外にはないことがはっきりしてくる。日奉部の設置は、まさしく大王家の先祖神であり国家神でもあったこの神への祭祀を、国家的規模で支え、押し広げようとした政策の一環であった。

なお日奉部を統括する中央の豪族に、日奉連《ひまつりのむらじ》という職掌の名をそのまま氏の名にした氏族があるが、この氏はタカミムスヒを先祖神に掲げている。奇妙に思われるかもしれないが、皇室直属の氏のいくつか、大伴氏や忌部氏などは、天皇家と同じタカミムスヒを先祖にしている。日奉連はそのひとりである。前章で述べたように、先祖はいわばその氏の政治的立場の表明なのである。したがって日奉連の先祖神がタカミムスヒだということは、政治的な関係を血縁関係に変換して表現する日本古代に固有の系譜観念からみると、日奉部の祭祀の対象がまさしくタカミムスヒであったことを、裏付け補強する事実の一つである。

『隋書』倭国伝とタカミムスヒ

ムスヒが太陽神であることによって解ける問題の一つに、有名な『隋書』倭国伝の、隋の文帝と倭国の使者との問答がある。隋の開皇二十年(六〇〇)の記事によれば、倭国が派遣した使者に、文帝が倭国の風俗を尋ねさせると、使者は次のように言ったという。

倭王は、天を兄とし、太陽を弟としています。(それで倭王は)天がまだ明けぬうちに、(王宮に)出て政事を聴きます。(その間)跏趺《あぐら》をかき不動の姿勢をとっています。太陽が昇ると、あとは弟(たる太陽)に委《ゆだ》ねるといってその政事を終えます。(山尾幸久訳)

これを聞いた文帝は、「なんと道理にはずれたことか」と言って、使者に諭《さと》してこれを改めさせたという記事である。

この六〇〇年の遣隋使の派遣には、『日本書紀』にそれに対応する記事がないなどの疑問が提出されており、記事内容にも種々疑問点がある。正式の派遣ではなかったという説に私は加担したいが、しかしこの問答自体は、たしかに倭国の使者と文帝との問答であろう。天や太陽を擬人化し、それを倭王の兄弟だとする使者の返答に、文帝があきれ返ったのは当然であるが、天が兄で弟が太陽というこの組み合わせや発想は、まさに『古事記』冒頭の天地初発の三神、

天《あめ》の御《み》中主《なかぬし》(天)
タカミムスヒ(日)——倭王の祖神
カミムスヒ(日)

の組み合わせとぴったりである。この三神を天地初発の神とする伝承は、『古事記』がはじめて創作したものではなく、私見ではもっと以前、推古朝のころには成立していた。これはもともとムスヒの神を先祖とする皇室や皇室直属の氏《うじ》が、おそらく中国思想の影響によって、その

系譜の冒頭に、ある時点でさらに「天」の神をつけ加えたものである。皇室直属の氏、たとえば大伴《おおとも》氏や藤原氏の系譜は、この三神を開闢《かいびゃく》の神として冒頭に掲げている。

その問題はともかくとして、とにかくこの使者は、天地初発の三神についての知識をもっており、それを彼の解釈をとおして神話的な物語として語ったのである。アメノミナカヌシは天であり、ムスヒは日である。このうちタカミムスヒは天皇家の祖神だから、神話的に天皇(倭王)そのものとして語っても不思議ではない。中国の皇帝でなくても、私たちにとってもこの話は荒唐無稽であるが、しかし右の三神の組み合わせを知っている者にとって、また神話的発想に馴れた者にとっては、とりたてて突飛とはいえない話である。

以上タカミムスヒについて、この神がたしかにヤマト王権時代には皇祖神・国家神であったことや、どこで、どのように祭られていたか、あるいはまた霊力神ではなく、太陽神であることなどをみてきた。しかしこの神は土着神なのか外来神なのかという、最初に掲げた問題についてはまだ述べていない。最後にその問題に入ろう。

朝鮮半島の諸王国の始祖神・始祖王名

日本の天孫降臨神話が、高句麗・百済・新羅・加羅など朝鮮半島の諸王国の支配者起源神話(天降り神話)と、基本的な構造の上で非常によく似ていることは、前章で述べたように以前から言われていることである。そしてこれらが、元をただせば北方ユーラシアに起源をもつ王権神話であることについても、すでに指摘されてきている。

しかしこれら天降り神話の主人公である、天の主宰神の「名称」が似通っていることに注意を払った人は、管見の限りではこれまでほとんどいない。が、私のみるところでは、それら神話の主神であり、同時に王家の祖神でもある神の名称に、朝鮮半島の諸王国間であきらかに共通性がある。そしてそれは、日本の天孫降臨神話の主神であるタカミムスヒの「ムスヒ」とも酷似しているのである。以下できるだけ簡略に述べてみよう。

高句麗の始祖王朱蒙《しゅもう》(雛牟《すむ》・衆解《すかい》とも)は、第一章でみた好太王碑文にあるように天帝の子であるが、その天帝は、『三国史記』『三国遺事』によると「解慕漱《かいぼそう》」という名である。百済は同じく朱蒙を始祖としているので、やはり「解慕漱」が始祖神ということになる。新羅については、『三国史記』『三国遺事』が第一代に置いている「赫居世居西《かくきょせいきょせ》干《かん》」は、三品彰英・末松保和両氏によると、あとから新しく加えられたものであろうということで、第二代の「南解《なんかい》」が古くは始祖王であった可能性が高いとされている。私もその説に賛成である。

新羅の建国神話は複雑で、三つの始祖伝承がほぼ並行して語られている。「南解」の他に先述の「脱解《だっかい》」伝説もあり、これとは別に金氏王朝の始祖伝承もある。私見では、「脱解」伝説は高句麗の「朱蒙」伝説に非常によく似ているので、もともと「南解」が高句麗の「解慕漱」

にあたり、「脱解」が朱蒙(衆解)にあたるような、高句麗の建国伝説の系統を引いた、ひとまとまりの古い始祖伝承があったのではないかとみている。

さらに加羅には、前章でもふれた首露《しゅろ》伝説とは別に、九世紀に記録されたという建国伝説がある。それによると加羅の山神が天神に感じて、大加羅王「悩窒朱日」を生んだのだという。末松保和氏によれば「悩窒」は「常に光る」と解釈でき、「朱日」はそのまま「あかき日」ではないかということである(『青丘史草 第一』)。

以上まとめてみると、高句麗・百済は「解慕漱」が天帝の名であり、新羅は「南解」、そして加羅は「悩窒朱日」が、それぞれ始祖王の名ということになる(始祖神・始祖王名のふりがなは、仮に日本の字音によってつけている)。

「解」という姓

ここに示した高句麗の天帝の「解慕漱」という名称について、これは本来「解」が語尾についた「慕漱解」だったのではないかと私は考えている。細かい説明は省いて結論のみいえば、要するに高句麗・百済は、中国の「姓」の概念を取り入れた時、古い神名・王名の語尾にあった「解」という称号を、姓として用いたのではないかということである。そのため「解」は、語頭につくことになった。百済の「解」については早く平野邦雄氏が、「莫古解など解の称号を付する点に百済人名の特色があるが、この称号は独立して大姓八族の一つ「解」姓となっている」(「日本書紀にあらわれた古代朝鮮人名」)と述べている。同じことが高句麗にもいえるのではないか。前引の朱蒙の異伝の「衆解」は「解」が語尾についた例である。

なお、高句麗では、初代の王である朱蒙以下五代目の王まで、「解—」のように、「解」を姓として名乗っている。百済については、平野氏の文章を引いて述べたとおり、王族に「—解」の名称をもつものが多数ある。新羅も、先述の「南解」「脱解」の他に三例、「—解」のタイプの名称をもつ伝説時代の王名があり、このように朝鮮半島の諸王国の古い神名・王名には、「—解」あるいは「解—」が非常に多い。

そして、最も重要な点が最後になったが、これら朝鮮半島の諸王国の始祖神(天帝)や、その子孫である伝説時代の王名の語尾についている「解」は、韓国と日本双方の研究者によって、「太陽」を意味する語とみるのが妥当だといわれている。「解」の朝鮮音はxaiであり、それは「太陽」のxaiに一致するということである。そうだとするとこの名称は、要するに日本の「—日」というタイプの名称とまったく同じ形式の名称ということになる。つまりこれは、日本の始祖神であるタカミムスヒの「ムスヒ」と、まさしく同一形式の名称といっていい。なかでも注目されるのは新羅の始祖王名「南解」であって、「南ar」には「生み出す・生まれる」といった意味があるという。だとすれば、新羅の「南解」は、日本の始祖神であるタカミムスヒの「ムスヒ」と、ほとんど同一意義、同一形式をもった名称ということになろう。

なお、物部《もののべ》氏の始祖神の「ニギハヤヒ」、大伴氏の始祖神「アメノオシヒ」など、大王家の側近である氏の先祖神には「―ヒ(日)」のタイプがいくつかみられる。大伴氏の場合は、その古系譜をみると、伝説時代の先祖名に「―ヒ(日)」のタイプの名前が六例、連続して出てくる。これは他の有力氏にはまったく類例のない、特殊な系譜であり、このように「―ヒ」型が、皇室とその側近の物部・大伴にのみ集中していることは、きわめて注目される現象である(日本の「ヒ」型人名や、朝鮮半島の「ヒ」型神・人名については、拙著『古代氏族の系譜』の「ヒ」型人名の項参照)。

ここまで述べたタカミムスヒと朝鮮半島の始祖神名との類似、もしくは一致という事実と、次に述べる、この神が「孤立した神」であることとを考え合わせると、タカミムスヒが天孫降臨神話とともに朝鮮半島からやってきた、外来の神である可能性はかなり高いのではないかと考えられてくる。

孤立した神

記紀神話には、二百数十にも及ぶ多数の神々が登場するが、そのなかの有力神たちは、物語上・系譜(神々の血縁関係)上で、さまざまな結びつきをもっている。イザナキ・イザナミやアマテラス・スサノヲ、オオクニヌシといった、神話で大活躍する主だった神々は、みな親子・兄弟とされている。その他の多くの神々も、これら有力神の末裔とされるなど、何らかの形でつながりをもっている。

ところがタカミムスヒは、王家の先祖神になるほど重要な神でありながら、これらの神々と何のつながりももたない、「孤立した神」なのである。この神は、『日本書紀』では、神話の後半部にあたる「神代 下」の天孫降臨神話に入る場面で突然登場する。それまで「神代 上」では、すでにイザナキ・イザナミによって国土・万物や多くの神々が生み出され、日本神話の主だった神々はすでに勢ぞろいしている。ところがそこへ、「神代 下」に入ると突然、どこから来た、どんな素姓の神なのか何の説明もなく、それまでまったく姿を現さなかったこの神が、主神として登場するのである。

このような、正体不明の「孤立した神」としての、日本神話のなかでのこの神のあり方に加えて、前章でみた「天地鎔造《ようぞう》」「日月の祖」伝承といった、日本の神話にはきわめて珍しい異質な伝承をこの神がもっていることなどを総合して考えると、この神が外来神である確率はきわめて高いといってよいだろう。

先進思想の象徴としての神

前章でみたように、支配者は天から降りてきた天の主宰神の子であるという神話を、五世紀当時の日本は、その背景にある天を中心にした世界観や天の主宰神の観念など、まったくもたないままに取り入れた。そのため、その思想にぴったり合った天の神などあるはずはなく、当時の日本は神話とともにその主神も、先進思想の象徴としての意味を担った神として取り入れたのではないかと考えられる。朝鮮半島の諸王国、とくに百済や新羅、加羅など南部の国々と日本は、北方ユーラシアの遊牧民族の動きがとりわけ活発化した四、五世紀のころ、相次いで国家形成を果たした。そのため、当時東アジア世界を広く覆っていた北方系の王権思想を、時代の流れのなかでともに受け入れ共有したのである。始祖神名の共通性は、まさにそのことを象徴するものではあるまいか。

第三章　アマテラスの生まれた世界——弥生に遡る土着の文化

五世紀初頭の日本には、第一章で述べたように北方系の王権思想が、機織《はたおり》や建築、金属加工や乗馬の風習など、多くの先進技術・先進文化とともに入ってきた。

この五、六世紀ころの古墳の副葬品について、かつて石母田正《いしもだしょう》氏は、「頭のてっぺんから爪先にいたるまで全部が、だいたい大陸系のアクセサリーで」、明治の鹿鳴館時代どころじゃない、「日本的・民族的なものはどこにあるかと思われるくらい、朝鮮のもので武装しているというのが……だれでもいう特徴であります」(「日本国家の成立」)と言っている。

このように、目に見えるモノについては、日本的・民族的なものと、新しく入ってきた北方系文化との相違、その激変ぶりは誰の目にもあきらかである。しかし目に見えない精神世界については、もともとあった日本的・民族的なものはどのようなもので、新しく入ってきたのはどのようなものかを知るのは簡単ではない。この時入ってきたのはけっしてモノだけではなく、精神文化の上でも、目に見えない形で激変があったのだが、そのとき起こった精神文化上の激変とはどのようなものだったのか、なにがどう変ったのかについては、これまであまり議論されたことがない。

そこで本章では、その激変以前、すなわち四世紀以前の日本土着の思想や文化について、北方系文化との対比を念頭に置きながら、いくつかのポイントについてみてみることにしたい。言葉を換えれば、土着の太陽神であるアマテラスを生み出し育んだ、アマテラスを取り巻く世界の思想や文化について、つまりアマテラスの原点について、本章で概観しておこうということである。

神話から弥生の文化を探る

四世紀以前の日本は、序章や第一章で述べたように、まだ文字をもたない社会だった。したがって、いうまでもないがこの時代の社会について、そのころの日本人が記した記録は何もない。そこで周知のように、三世紀中頃の日本について中国人が書いた唯一の記録である『魏志《ぎし》倭人伝《わじんでん》』（正しくは『三国志』魏書、東夷伝、倭人の条）と、考古学の成果をたよりに、四世紀以前の日本を探るべく、これまで多くの研究が積み重ねられてきている。

しかし、この時代の人々が抱いた思想や文化を、この時代の人々自身の言葉で語ったものを、『魏志倭人伝』や考古学上の遺跡や遺物から取り出すことはできない。ところがここに、それを知る上での宝庫ともいうべき資料の山を私たちはもっている。『記・紀』などの古文献に収載された神話・伝説がそれである。『記・紀』の最終的な編纂時期は八世紀初頭であるが、その原資料が文字化されたのは七世紀である。その七世紀に記録化された資料のなかに、私のみるところでは、四世紀以前から伝えられてきた神話・伝説が、いくらか形を変えながらも豊富に盛り込まれている。そしてそのなかには弥生時代にその骨格が形づくられたとみられる神話もあれば、もっと古く、縄文時代に形成されたと考えられる霊力観も、化石化した形で、『記・紀』が収録した神名のなかに埋もれて残っている。

隣国の朝鮮半島にも同じころ、やはり多くの神話・伝説が、豊富に存在したと推察されるが、それらは日本のようにまとまった形で、七、八世紀以前に文字化されることはなかった。現存する主な文献資料である『三国史記』『三国遺事』は、王権や支配者の起源を語る神話や伝承が中心で、日本のように、そこに民間の古い創世神話や英雄伝説が大量に取り込まれてはいない。日本が大量の古い神話を王権神話のなかに取り込んだのについては、ある一つの日本の特殊事情が働いていると私は考えているが、それはともかくとして、これらの資料は、日本人にとってだけでなく、広くアジアの歴史にとっても貴重な財産である。

民族学や比較神話学があきらかにしてきたように、七世紀に記録化された日本神話（＝記紀神話）のなかのあるものと、十九、二十世紀に入って、はじめて欧米の研究者によって採集されたインドネシアや東南アジアの神話とが、なかには寸分違わぬと言ってもよいほど似ていることがある。この事実は、神話がいかに変りなく伝えられることがあるかを示すもので、資料としての神話の価値の高さを語っている。

記紀神話はなぜ忌避されてきたか

このように神話は、無文字時代の思想や文化、社会や歴史を探る宝庫なのであるが、戦後の日本は、記紀神話を古代史のなかに持ち込むことを強く忌避してきた歴史がある。それには大きく二つの理由があって、一つは記紀神話という七世紀の記録から、安易に三、四世紀の神話をとり出そうとすることにたいする警戒感である。まだ研究方法が十分に確立されているとはいえない現段階での、そのような学問的な厳格さからくる危惧は当然のことで、安易なやり方はむろん十分戒めなければならない。しかしそこからただちに不可知論に陥って、記紀神話から弥生時代や縄文時代の文化を探るなど到底不可能ときめつけるのではなく、そのなかから私たちは弥生や縄文の文化を確実に取り出す方法を、さまざまな学問分野の成果を組み合わせながら、つくりだしていかなければならないと思う。

もう一つの理由は、これが忌避されてきた主たる理由であるが、記紀神話は、要するに天皇制思想の原点であり、天皇制思想そのものに他ならないと考えられてきたことがある。たしかに記紀神話は、天孫降臨神話を核にした神話であって、最終的にはすべての話がそこに収斂するように組み立てられている。

明治以降、一九四五年の敗戦に至るまで、天孫降臨神話を核とする『記・紀』の建国伝承は、序章でふれたように、教育勅語や式祭日などに歌われる唱歌、あるいは小学校の歴史や修身の授業などによって、これこそ日本の建国の歴史であると、政府によって繰り返し全国民にふき込まれてきた。そのため、記紀神話をそのまま弥生に遡る民族の歴史としてみるような、記紀神話の肯定につながりかねない研究にたいしては、戦後の一時期、批判的な見方がとくに強く出たのは当然といえよう。そしてそのような空気は現在もまだ尾をひいている。

では天皇制神話としての顔と、弥生時代に遡る貴重な文化遺産としての顔と、二つの顔をあわせもっている記紀神話を、私たちはどう捉えればいいのだろう。

記紀神話の二元構造

記紀神話を読んだことのない読者にはややわかりにくいかもしれないが、記紀神話の構造と、その形成過程についての私見を、ここでできるかぎり簡略に、述べることにしたい。いま問題にした、記紀神話のもつ二つの顔の問題を解決するためにも、またアマテラスの源郷を探る上でも、記紀神話の形成過程についての理解は避けてとおれないからである。

よく読まれる『古事記』ではなく、『日本書紀』の方をみると、『記・紀』神話の元になった「原資料」の姿がよくわかるのであるが、記紀神話の原資料は、はっきりと二元構造をもっている。『日本書紀』の「神代上」と「神代下」が、まさしくその二元構造に対応する区分である。すなわち「神代上」は、イザナキ・イザナミの国生みにはじまり、オオクニヌシに終わる巻(以下イザナキ・イザナミ〜アマテラス・スサノヲ〜オオクニヌシ系、あるいは略してイザナキ・イザナミ系と呼ぶ)であり、「神代下」は、タカミムスヒを主神とする天孫降臨神話を中心とする巻(ムスヒ系建国神話、あるいは略してムスヒ系と呼ぶ)である。

この二つの神話体系は、下巻のはじめに置かれた「国譲り神話」によって結びつけられて、ひとつながりの物語になっている。しかしもともとこの二つは、それぞれ別個に、関係なくつくられた独立した神話だった。

結論からいえば、「神代上」の部分は、古くから伝承された日本土着の神話・伝説を集成して構成された神話体系であり、「神代下」の部分の骨組みは、第一章で述べたように五世紀になって新しく取り入れた、北方系の支配者起源神話に範をとった建国神話である。

記紀神話はどのようにして形成されたか

ではこの二つの異質な神話体系は、どのようにしていま記紀神話にみるような形になったのか。その形成過程についての試論は次のとおりである。

第一段階　ムスヒ系建国神話の成立——大王家と大伴《おおとも》・物部《もののべ》など王権中枢の伴造《ばんぞう》氏族(大王

家直属の、大王家の伴としての氏。次章で詳述する）が作成者

第二段階　イザナキ・イザナミ～アマテラス・スサノヲ～オオクニヌシ系の成立——地方豪族が作成者

第三段階　イザナキ・イザナミ系のなかの主神である「オオクニヌシ（大国主）」が、ムスヒ系建国神話の主神である「タカミムスヒ」に、国の支配権を譲るという神話が挿入されることによって、ムスヒ系とイザナキ・イザナミ系、二つの神話が接着され、全体がひと続きの神話になる——大王家と伴造氏が主たる作成者

第四段階　天孫降臨神話と神武東征は、元来ひと続きになって建国神話を形成していたが、その中間に海幸《うみさち》・山幸《やまさち》神話、あるいは日向《ひゅうが》神話と呼ばれる部分があとから加えられる

第一章でみたように、五世紀に成立した統一王権は、当時の北東アジア世界における普遍思想ともいうべき、支配者の起源を天に求める思想（＝天孫降臨神話）を取り入れて、みずからを権威づけた。ところがその後地方豪族の一部である、大王家から政治的に遠い立場にあった守旧派の人々がこれに対抗して自分たちのアイデンティティを確立するために、四世紀以前から伝承されてきたオオクニヌシなど土着の神々に出自を求め、古い神話・伝説の集成を行った。

このような動機で地方豪族によって形成されたのが、要するにイザナキ・イザナミ系神話で

あろうと私は考えている。さきに朝鮮半島の国々とは異なる日本の特殊事情といったのはこのことを指しているが、ではなぜ日本では、地方豪族がこのような動きをしたのか。その理由の一つに、大王家と地方豪族との力関係が、日本と朝鮮とでは違っていた、相対的に、日本はこの時点では、地方豪族の力が強かったのではないかといったことが考えられる。しかしこれは、ここで簡単に論及できる問題ではない。

イザナキ・イザナミ系神話とは

記紀神話のなかには、思想や文化を本質的に異にする二つの神話体系があり、そのうちのイザナキ・イザナミ系（『日本書紀』の「神代上」にあたる）こそが、日本土着の四世紀以前からの文化を伝える神話体系であるということを述べてきた。ここから、イザナキ・イザナミ系神話をとおして、四世紀以前の土着文化の特徴をみていくことになる。

まず、繰り返しになるがもう一度確認しておくと、イザナキ・イザナミ系は、本来ひとつの独立した神話体系であって、ムスヒ系の建国神話と、相互補完的な関係にある神話ではなかった。日月をはじめ、あらゆる自然をそのなかに包含した、それだけで充足したひとつの宇宙である。ここに含まれた神話に関しては、明治以来すでに多くの研究が積み重ねられており、さらに戦後は、松村武雄・大林太良らの諸氏による膨大な量の詳細な研究もある。また中国神話との比較に立った伊藤博・君島久子、印欧語族の神話との比較に立った吉田敦彦ら諸氏の研究などもあって、神話研究は大きく進展している。

第一章でふれたように、かつて岡正雄氏は、民族学、あるいは文化人類学の立場から縄文時代以来の日本文化の多元的成り立ちについて壮大な見取り図を示したが(「日本民族文化の形成」)、それによると、たとえばアマテラスの神話を日本列島にもたらした民族文化やその時期と、オオクニヌシの神話をもたらした民族文化やその時期は同じではない。すなわちイザナキ・イザナミ系とひとくちにいっても、元をただせばそのなかに含まれた個々の神話の系統はさまざまで、日本列島に到来した時期も同じではない。私はこのような見方に関しては岡説に基本的に賛成で、イザナキ・イザナミ系自体、多元的・多層的な成り立ちをもった文化だと思う。

しかしイザナキ・イザナミ系を全体としてみると、岡説によっても、また松村・大林氏らの説によっても、大まかに捉えれば、みな南方系であるといって誤りではないだろう。南方とはこの場合、主として中国の江南から東南アジア、東インド・インドネシア・ニューギニアにかけての地域を指している。これらの地域における古い文化と、イザナキ・イザナミ系の神話とはあきらかに密接なつながりがある。ただしこういったからといって、四世紀以前の日本列島の文化のなかに、北方からの要素がまったくなかったというのではない。ただこの時期の主導的な文化が、圧倒的に南方系だったということである。

イザナキ・イザナミ系神話世界の特徴

イザナキ・イザナミ系神話を総体としてみた場合の、五世紀に新たに取り入れた北方系神話とのきわだった相違点の一つは、多種多様な神々が活躍する「多神教的世界」だということである。さまざまな価値が分散的に、独立して存在している。神々の間にきっちりしたタテの序列は存在しない。男女間にも価値の上下はない。

大八嶋国《おおやしまくに》(日本の国土の古称)や万物を生み出した大地母神イザナミは、火神を生んだときやけどして病気になり嘔吐したが、そのとき吐き出した彼女の嘔吐物は、冶金《やきん》や土器の製作に必要な鉱山や粘土質の土になり、流した尿は食用植物を育てる水になったという神話がある。人間の生活になくてはならないものが、女神に結びつけられている。太陽も女神である。

もう一つ、北方系にはないイザナキ・イザナミ系の著しい特徴としてあげなければならないのは、海とのつながり、すなわち「海洋的世界観」である。イザナキ・イザナミ神話は、オノコロ嶋(おのずから凝り固まった嶋)の創成で幕を開ける。イザナキ・イザナミ二神が、見渡す限りまだ何もない原始の世界で、どこまでも果てしなく広がる海に美しい矛《ほこ》をさし入れて、ころころと音をたてながら海水をかきまわし矛をひきあげると、矛の先から滴りおちた潮のしずくが凝り固まって世界で最初の嶋、オノコロ嶋ができたという。なにもない世界に金属製の精巧な矛があるのは矛盾だが、神話ではこのような矛盾は珍しくない。それよりこの小道具の矛は、この神話が、矛が大切な祭器であった時代につくられたことを示唆している。

この冒頭の話がまさに象徴するように、イザナキ・イザナミ系の神々は、みな海と深くつながっている。たとえばアマテラスは太陽神であるから高天原《たかまのはら》と呼ばれる天上界に住んでいる。しかしこの神も、その誕生の場は海である。アマテラスの誕生については二通りの伝承があるが、どちらの場合も海辺であることに変りはない。一つはイザナキ・イザナミが、オノコロ嶋で国土・万物を生んだあと、最後に月神ツクヨミやスサノヲとともに、姉弟《きょうだい》として生んだとするもので、海中ではないが、潮の香がしみ込んだ海辺で生まれている。もう一つの伝承では、イザナミのいる黄泉《よみ》の国から逃げ帰ったイザナキが、海辺の河口で禊《みそぎ》をして左目をすすいだ時、生まれたとするものである。誕生の地を原点だとすれば、この神の原点は天ではなく海にある。

以上あげた「多神教的世界」と「海洋的世界観」という二つの特徴は、記紀神話の枠組みを取り払って、天孫降臨神話を除外し、イザナキ・イザナミ系のみの枠で括りなおすことによって、はじめて明確に浮かび上がってきた四世紀以前の土着文化の特色である。

まず、「海洋的世界観」からみていくが、はじめに国土にたいする認識のしかたが、海から天へと、世界観の変化に対応して変化していることに目を向けておこう。

「大八嶋国」から「天下」へ

日本の古称は「大八嶋国《おおやしまくに》」である。イザナキとイザナミが結婚して最初に生んだのは「大八嶋国」で、日本列島に住む人々は、自分の国土を多くの島々からなる国として認識していた。「八嶋」とは、多くの島という意味である。このような国土認識も、海洋的世界観の一つといえよう。前章でみた「月次祭祝詞《つきなみのまつりののりと》」は、「生島《いくしま》・足島神《たるしまの》」という八《や》十《そ》島《しま》の霊であろうといわれている神にたいして、多くの島々のどれひとつとしてもらすことなく、天皇にお寄せ申し上げていることへの感謝を述べている（岡田精司『古代王権の祭祀と神話』）。古い時代の国土の神にたいする信仰が、しっかり受け継がれているのである。

なお、『古事記』のスサノヲの後裔系譜に、スサノヲの子として「八嶋シノ」（「シ」は「神聖な」「呪力をもった」の意のほめことば、「ノ」は古い首長号のひとつ）という神があり、オオクニヌシ系譜には「八嶋ムチ」がみられる。おそらくこのような国土の名を背負った神は、四世紀以前にはとりわけ有力な神だったのだろうと考えられる。律令時代に入ってもまだその伝統は受け継がれていて、天皇を呼ぶいくつかある名称の一つに、「明神《あきつみかみ》ト大八洲《おおやしまくに》シラス（明神として大八嶋国をお治めになる）天皇《すめらみこと》」がある。

天皇の呼び名には他に「御宇《あめのしたしらす》（天下《あめのした》をお治めになる）天皇」があって、こちらのほうがより正式の名称である。「大八嶋」から「天下」へと、支配者が治める領域の名称は、世界観の変遷にともなって、おそらく正式には五世紀を境に、海から天へと変った。そしてそれ以降、この二つの異質な国土観は混合し複合していくことになる。

海洋的世界観

イザナキ・イザナミ系の神々と海とのかかわりを示す伝承はきわめて豊富で、少ない紙数では到底語りきれない。一例をあげれば、初代天皇神武は、父系からいえばもちろん天降った天孫ニニギの子孫であるが、母親はワニ(鰐)の姿をもつ海神の娘である。伯母は、出産のとき大きなワニになって這いまわっていたという伝承をもっている。さらに神武の妃は、一説では事《こと》代主《しろぬし》という託宣神の娘ということになっているが、その娘は事代主が大きなワニになって女性のところに通って生まれたのだという。しかしこれらの伝承はさておき、本章ではまずイザナキ・イザナミ系のなかで主神的地位にあるオオクニヌシに対象をしぼり、この神をとおして、その背後にある海洋的な世界観をみておこう。なお、オオクニヌシは多くの別名をもっているが、『記・紀』『風土記《ふどき》』などの古文献では「オオナムチ」と呼ばれることが圧倒的に多い。しかし本書ではわかりやすく「オオクニヌシ」を主として用いることにしている。「オオクニヌシ」という名称は、この神の多数ある名称のうちもっとも新しいもので、古い時代のオオクニヌシについて語るのにふさわしいとはいえないが、「アマテラス」同様、記号的な名称と考えていただきたい。

さてこの神には、「スクナヒコナ」という神とのコンビによる国作りの物語が、古文献に多数載っている。ときには「オオナムチスクナヒコナ」と、一神であるかのように呼ばれることもあって、スクナヒコナをオオクニヌシの、一種の遊離魂《ゆうりこん》とみる説もある。そのスクナヒコナは、海上はるか彼方の理想郷である、「常世(トコヨ)の国」の神であった。『記・紀』にはこの神が、熊野の岬《みさき》からトコヨの国に帰ったとか、淡嶋《あわしま》で粟茎《あわのくき》にのぼって、はじかれてトコヨの国に帰ったなどと書かれていて、トコヨは太平洋の彼方に想定されていたようである。

スクナヒコナは、手のひらに乗るほどの小さな神として描かれることが多く、穀霊神であろうといわれているが、神功《じんぐう》皇后伝説のなかでは「これは酒をつかさどる、トコヨにいらっしゃるスクナミカミがお作りになった御酒です」と歌われ、酒の神ともされている。あるいはまた石として現れる神とも考えられていて、トコヨの国で石としておいでになる神とも歌われていた。石は、現代人にとっては鉱物、つまり無生物であるが、古代人は生命力をもった存在と考えていた。国歌「君が代」に、「さざれ石(小さい石)が巌《いわお》(大きな岩石)になって苔が生えるまで」とあるように、石はむしろ永遠の命を象徴する存在だった。

海の彼方からやってきた神

スクナヒコナをとおしてだけでなく、オオクニヌシ自身にも、トコヨの国との結びつきを語る興味深い伝承がある。本章の後半でオオクニヌシの「国作り」について詳しく述べるが、その国作りにかかわる次のような伝承である。

スクナヒコナがトコヨの国に帰ってしまったあとで、ある時、オオナムチ(オオクニヌシ)が、「私はもうたったひとりだ。どうしてひとりで国作りができようか。だれか私と一緒にこの国作りの大事業をなしとげてくれるものはないものだろうか」と嘆いていると、海の彼方から海面を明るく照らしながらやってくる神がある。その神は、近づいてくるとオオナムチに言葉をかけて、「もし私を手厚く祭ってくれたら、私はあなたに協力していっしょに国作りを完成させてあげよう。そうでなければ国作りは到底成功しないだろう」といった。

そこでオオクニヌシが、「では、あなたをどのように祭ればいいのですか」と聞くと、その神は「倭《やまと》の青々と垣のように連なっている山なみの、東の山の上に大切に祭りなさい」と言ったというのである。なお『古事記』はそのあとに、この神は大和の三輪山《みわやま》にある、大神《おおみわ》(大三輪)神社の祭神であると説明している。

『日本書紀』にもほぼ同様の話が載っているが、ただ『古事記』にはない次のような興味深い問答が入っている。すなわち海を照らし、海上を漂ってやってきたその神は、オオクニヌシに声をかけて「もし私がいなかったら、あなたは国を平定することなどできなかった。私がいたからこそ、あなたは国土の平定という大きな功績をあげることができたのだ」といった。そこでオオクニヌシが「そういうあなたはいったい誰ですか」と聞くと、「私は、あなたの幸魂《さきみたま》（繁栄や幸福をもたらす魂）・奇魂《くしみたま》（不思議な力をもった魂）だ」と答えたという。

オオクニヌシの遊離魂の一つが、大神神社に祭られている大物主《おおものぬし》だという伝承は、「出雲国造神賀詞《いづものくにのみやつこのかむよごと》」という古い祝詞にものっている。オオクニヌシが、自分の和魂《にきみたま》（温和な、なごやかな魂）を鏡につけて、「倭《やまと》の大物主《おおものぬし》クシミカタマ」と名前をつけ、三輪山に鎮めたというのである。伝承が種々錯綜しているが、いずれにしてもオオクニヌシの「国作り」は、大海原の彼方にあるトコヨの神の助けを得ることによって、はじめて成し遂げられたとされている。

大神神社は、崇神《すじん》陵・景行《けいこう》陵（ともに通称）など、初期の大王墓であろうといわれる四世紀代の巨大な前方後円墳や、また最古の大型前方後円墳として有名な箸墓《はしはか》古墳、さらには近年注目を集めている纒向《まきむく》遺跡に隣接した神社であるから、これらトコヨの国にかかわる伝承は、この初期王権と海洋的世界観との結びつきを、つよく示唆するものである。

トコヨの国

「トコヨ」とはいったいどんな国か。理想郷とよくいわれるが、どのような点で理想的なのか。これについては、まさに「トコ(永遠)」の「ヨ(寿命)」という名称が示すとおり、不老不死の国を意味するとみるのが古くからの定説である。「不老不死」という表現は中国の神仙思想を彷彿とさせるが、表現はともかく、たしかにそれがこの理想郷の本質だと思われる。豊潤な生命の輝きにみちた、幸せをもたらす充実した魂の源郷、尽きることのない、活力に満ち溢れた国。これが、トコヨの国の本質である。それは「天岩屋神話《あめのいわや》」(後述)に出てくる太陽を呼び覚ます強力な力をもった鶏である「トコヨの長鳴き鳥」や、次に述べる「田道間守《たじまもり》」の話などからもうかがうことができる。

田道間守は垂仁《すいにん》天皇の御代に、天皇の命令ではるか遠いトコヨの国から、辛苦の末に「時《とき》じくのかくの木《こ》の実《み》」(季節を問わずいつもたわわに生っている黄金にかがやく木の実といった意味。柑橘類のことだろうといわれている)を持ち帰った。しかしそのときすでに命令した天皇は亡くなっていて、田道間守は天皇の墓前に「かくの木の実」をかかげ、「トコヨの国から時じくのかくの木の実をもって参りました」と大声でいうと、そのまま泣き叫びながら死んでしまったという話である。ここで語られている「時じくのかくの木の実」は、まさにトコヨの国の象徴である。溢れんばかりの旺盛な、充実した生命力こそが、イザナキ・イザナミ系の世界では価値の第一に挙げられるべきものだった。

アマテラスとトコヨの国

ところで、アマテラスは序章でみたように、伊勢神宮に祭られている。なぜアマテラスは伊勢に祭られているのか。その由来を語る伝承が『日本書紀』の垂仁天皇紀にある。それによると、アマテラスは住むべき国を求めて大和国の宇陀《うだ》から近江・美濃を経巡ったが、そこに自分の住みたい国はなかった。ところが伊勢に入ると彼女は足を止めて、次のように言った。

この神風《かむかぜ》の伊勢国は、常世《とこよ》の浪の重浪帰《しきなみよ》する国なり。傍国《かたくに》のうまし国なり。この国に居《お》らんと欲《おも》う。（この神風の伊勢の国は、常世から打ち寄せる波が、寄せては返し寄せては返しする、心地よい国だ。大和から離れた遠い国だが、この美しい国に私はいたいと思う）

そこで、祠《ほこら》を伊勢の国に建て、そこに住むことになったというのである。なお「かた国」を、川添登氏は都から離れた国の意ではなく、伊勢湾の入り江の「潟国《かた》」を意味する語であろうとしている（『伊勢神宮』）。魅力的な案であるが、とりあえずここは従来の解釈によった。

このアマテラスの鎮座伝承は、おそらく皇祖神就任以前のある時点で作られた、あくまで伝承に過ぎないものであるが、しかしアマテラスにとっては「トコヨの国」が、なによりも慕わしい国だったに違いないという感覚を、この伝承の作者はもっている。

北方ユーラシアの遊牧民にとっての天は、ただ単に、頭上に広漠と広がる空の連なりとしてあったのではなく、そこに宇宙を主宰する天の神が住む、一つの濃厚な意味をもった空間であった。日本列島に住む人々にとっての海も、やはり意味もなくただ単に、果てしなく広がる大海原としてあったのではなく、生命の源泉がそこに存在するトコヨにつながる海として認識されていたことが、これらの伝承によってわかる。アマテラスは、あきらかにその世界観に包み込まれた、そのなかの一員であった。

以上、イザナキ・イザナミ系神話世界の特徴点の一つである「海洋的世界観」について、オオクニヌシを中心に述べてきた。そこで次は、もう一つの特徴である「多神教的世界」についてみることにしたい。はじめに、記紀神話にあまり馴染みのない読者のために、イザナキ・イザナミ系神話全体の構成を、ざっと紹介しておこう。

イザナキ・イザナミ系の神話世界

実はこの神話体系の構成はきわめて単純明快で、物語の主人公である神々の名前を順にあげれば、その基本構成は、たちまちに把握できる。

(神世《かみよ》七代《ななよ》)　［イザナキ／イザナミ　［スサノヲ／ヒルメ(アマテラス)　オオクニヌシ

以上が主人公である主な神々の名で、このようにこの神話体系は、大きく三つのブロックに分かれている(イザナキ・イザナミ以前に「神世七代」があるがこの部分は省略する)。イザナキ・イザナミは、いうまでもなく創造神である。この二神によって大八《おおや》嶋国《しまくに》をはじめ万物が創造される。縄文時代に形成されたと考えられる霊力観も化石化した形で残っているとさきに述べたが、そのようなものも含めて、きわめて長い期間に形成されたさまざまな伝承がここに豊富に含まれている。

この二神が最後に生んだとされる重要な神に、日・月・スサノヲの三神がある。このうちの日神(アマテラス)とスサノヲに次の物語のバトンが渡される。つまりアマテラスとスサノヲが次の舞台の主役であって、この二神をめぐって壮大なドラマが天上界で展開する。すなわち「ウケヒ神話」(ウケヒとよばれる占いを行って子を生み比べる神話)と「天岩屋《あめのいわや》神話」がそれである。

そのあともスサノヲを主人公とする神話は続き、天上界で散々乱暴を働いて地上世界に追放されたスサノヲが、怪物ヤマタノヲロチを退治して英雄になり、その子孫、あるいは子どもとしてオオクニヌシが生まれるというところで、このブロックの話は終了する。

そしてオオクニヌシをめぐる神話が、イザナキ・イザナミ系神話のしめくくりとして最後に語られる。要するにこれが全体のあらすじである。

「天岩屋神話」とアマテラス

いま述べた三つのブロックの真中に位置する「ウケヒ神話」と「天岩屋神話」が、アマテラスが登場する神話である。したがって古代の人々の脳裡にあったアマテラス像を知ろうとしたら、まずこの二つの神話を見なければならない。しかし、「ウケヒ神話」は非常に複雑で紹介に相当の紙数を要する上に、皇祖神問題にからむ重要な問題も抱えているので、これは改めて次章で取り上げることにし、ここでは「天岩屋神話」だけをみていきたい。

「天岩屋神話」の内容はほぼ次のとおりである。すなわち「ウケヒ」で子の生み比べに勝利して勝ち誇ったスサノヲは、天上界でやりたい放題の乱暴を働く。はじめのうちはことを荒立てず、すべて善意に解釈して弟をかばっていたアマテラスも、あまりに過激な乱暴に恐れをなして岩屋(岩窟)に閉じこもってしまったため、世界は暗黒に閉ざされる。そこで世界を破滅から救おうと、八百万《やおよろず》の神が集まって策を練り、「トコヨの長鳴き鳥」を何羽も連れてきて鳴かせたり、神がかりして胸乳《むなぢ》を掻き出して踊るアメノウズメの踊りなどもあって、遂に神々はアマテラスを岩屋から連れ出すことに成功する。そこで世界は再び明るさを取り戻した、という神話である。

この「天岩屋神話」については古来多くの研究があり、冬期に太陽の衰えを回復させようとする冬至祭りがその根底にあるとする説をはじめ、比較神話学や民俗・民族学、国文学などさまざまな分野からの多くの研究が蓄積されている。そうしたなかで現在、著名な国文学者によって提出された見解が、この神話の意義についての、一つの有力な見方になっている。

すなわち西郷信綱氏はこの神話の意義について、「ここに一つの宇宙的・社会的秩序が回復し」「この再生を通して天照大神は始めて名義どおりに天照大神に、つまり高天の原の至上神になり、さらにいえば、天空に輝く太陽神として誕生した」(『古事記注釈 第一巻』)と述べ、また神野志《こうのし》隆光氏はこの神話の本質について、「アマテラスは、高天原―葦原中国を貫く秩序をになう。アマテラスが失われることによって、アマテラスのになうものは表しだされる。天の岩屋の物語の本質はそこにある」(『古事記と日本書紀』)と言っている。このように両氏は、この神話の意義・本質を、アマテラスが至上神・最高神として(西郷)、また天上界と地上界を貫く宇宙的秩序の体現者として(神野志)、はっきりと姿を現したことにあるとみている。なお、「葦《あし》原中国《はらのなかつくに》」は、地上世界の神話的呼称である。

しかし、はたして両氏が描いているようなアマテラス像を、私たちは「天岩屋神話」に見出すことができるだろうか。私には、率直にいってきわめて疑問に思われる。

アマテラスの実像

私のみるところでは、この神話のアマテラスはきわめて寛容で、あくまで弟をかばおうとする心やさしい神である。しかし最後はスサノヲの乱暴をおそれて、ひとりで岩屋に閉じこもってしまう気弱な女神でもある。至上神や、世界秩序の体現者とは到底みえない。ここで天孫降臨神話と切り離して、この神話でのアマテラスをもう一度よくみてみよう。彼女は、この事件に関して、スサノヲの暴虐に恐れをなして、岩屋にこもる以外の行動は何一つしていない。岩屋から出てきたのも八百万《やおよろず》の神々の策略にのって引き出されたのであって、自分の意志で出てきたわけではない。混乱を収めるために誰かに命令したり指図したりすることも一切ない。宇宙の秩序を乱す原因になったスサノヲを、最後に断罪して天上界から追放したのも神々である。彼女自身はそれになんらかかわっていない。

「秩序の回復」はたしかになされたが、それはアマテラスの働きによるものではなく、神々が一致協力して行った、祭りや呪術によってもたらされたものである。アマテラスは、いってみれば光り輝く存在であるという太陽神としての属性によって、世界を再び明るく照したに過ぎない。

素朴な太陽女神

西郷・神野志両氏が見出したアマテラス像は、私のみるところ、皇祖神であり最高神であり、天孫降臨神話の主神でもある、八世紀以降につくられたアマテラスの映像を「天岩屋神話」のなかに持ち込んで、その映像をとおしてみたアマテラス像である。

しかし実際に「天岩屋神話」のなかにあるのは、よくみると、古い時代に人々が抱いていたひとりの素朴な女神像である。それは、多神教世界の自然神のひとりとしての太陽神で、天上界で懸命に自分のなすべきことに励んでいるが、手に負えない乱暴者のスサノヲに、やりたい放題のことをやられると、なす術《すべ》をしらない女神でもある。あるいはスサノヲの無法者ぶりを際立たせるために、物語的な配慮から、その気弱さを多少誇張している面があるのかもしれないが、ともかくこれが、皇祖神昇格以前のアマテラスにたいして、古代の人々が抱いていた一つの実像であることは間違いない。

それはどうみても、神々のトップに立つ最高神・至上神の像でもなければ、宇宙秩序の体現者の像でもないのではあるまいか。たしかにこの神は、世界中を明るく照らすことのできる偉大な神であるが、しかし第一章でみた北方系の太陽神のように、「天帝」とも言い換えられるような、秩序の頂点に立つ絶対神ではけっしてなかった。

「高天原神話」の主役は誰か

ここで「高天原神話」(「ウケヒ神話」と「天岩屋神話」)の真の主役は誰かという、おそらく突飛と思われるであろう問題を提起してみたい。というのは私は、「高天原《たかまのはら》神話」の真の主役は、スサノヲではないかと考えているからである。従来はアマテラスとスサノヲ二神のうち、脚光をあびてきたのはもっぱらアマテラスだった。しかしこの神話で、アマテラスが積極的に何らかの行動を起こしたことは一度もない。起こしたとしても、それは受身でやむなくやっているにすぎない。

それにひきかえスサノヲは、舞台に登場するその最初から、思い切り能動的で、その行為はすべてドラマチックである。なにしろこの神は、登場するやいなや子供のように泣きわめき、そのため青々とした山はみな枯山になり、河も海もすっかり干上がり、混乱した世界には災いという災いがみな起こったというのである。物語の冒頭でいきなり語られるスサノヲのこの異常な行為は、ここに登場した神が、途方もない力を秘めた、これまで見たことも聞いたこともない、規格はずれの神であることのサインである。

『日本書紀』本文によるとこの神は、イザナキ・イザナミが万物を生んだあとで、最後に「天下《あめのした》の主者《きみたるもの》」を生みたいといって生んだ子だとされている。しかしあまりにも手に負えない神なので、父親であるイザナキは「お前は宇宙に君臨することなどできない」といって、地上世界から追放してしまう。追放されたスサノヲは、姉であるアマテラスに会おうと天上界に昇るが、そのとき山川は鳴動し、国土も大海もみな揺れ動いたと『記・紀』は書いている。そこからさらに天上界で大暴れして天上世界を追放されたスサノヲは、地上世界で怪物のヤマタノヲロチを退治して英雄神として成長を遂げるが、そこに至るまで、神話はもっぱらこの神の動きに沿って展開する。

『日本書紀』には、この神が、自分のあごひげ・ほおひげ・胸毛・尻毛を抜いて撒き散らし、杉・檜・まき・くすのきに変えて、人間に有用な木を与え、また食用になる木も沢山植えたという文化英雄的な伝承がのっている。さらにその子のイタケルについても、日本列島全体に木《こ》種《だね》を播いて、日本列島を緑に覆われた島にしたという伝承がある。

もう一つ、これまでほとんど問題にされていない点としてぜひあげておきたいのは、スサノヲには、膨大な後裔系譜があるということである。いくつかに枝分れして、オオクニヌシ系・大年神《おおとしのかみ》系などに分かれるが、その後裔系譜に含まれる神は、総計で六十七名にものぼる。多くの、みるからに由緒古い神名が、スサノヲの子孫として『古事記』に克明に記されている。このような神は他にはない。

善悪未分の宇宙的スケールの英雄神

スサノヲについては明治以来多くの研究があり、暴風神説・大祓《おおはらえ》儀礼の神話化説・トリックスター説等々、さまざまなスサノヲ論が提出されている。それらはたしかにみなスサノヲの一面を捉えてはいるが、神話の語るスサノヲを丸ごと捉えているとはいえない。私見ではこの神は、インド神話のインドラにも似た、善悪未分の、宇宙的スケールの英雄神であって、けっして単なる厄介者の邪悪な神ではなかった。ちょうどインドラがそうであるように、破格の英雄神として人々から讃仰され愛されていたと私は考えている。

またスサノヲについてみるには、『記・紀』に記された物語の内容からだけでなく、イザナキ・イザナミ系神話の作成者である地方豪族にとって、この神が、どのような存在であったかを知ることも重要である。

九世紀後半に編纂された歴史書である『旧事本紀《くじほんぎ》』の「地神本紀」は、冒頭にこの神を地祇《ちぎ》系の氏《うじ》(次章で説明する)の始祖として掲げているし、『新撰姓氏録《しんせんしょうじろく》』(九世紀初頭に国家の手で編纂された三十巻におよぶ大々的な氏族書)では、地方豪族の雄である大神朝臣《おおみわのあそん》・賀茂朝臣《かものあそん》らが、「スサノヲの命六世孫オオクニヌシの後《すえ》なり」とその系譜をスサノヲからはじめている。『新撰姓氏録』でスサノヲの後裔を名乗る氏の数はけっして多いとはいえないが、古くはもっと多数の地方豪族たちが、この神を先祖神として掲げていたと推察される。

イザナキ・イザナミ系神話の作成者にとって、話の中心のラインはアマテラスではなく、むしろイザナキ・イザナミ～スサノヲ～オオクニヌシだったのではないか。つまりスサノヲは、古代の人々にとっては仰ぎ見る英雄であった。そこでこの神の破天荒な行動についての物語を、より壮大に、宇宙的規模で、華やかに描くために、相手役として、太陽女神のアマテラスが選ばれた。むろんそれには、古代の人々にとって太陽神や、太陽を活気づける祭りである冬至祭りが、とりわけ大きな関心事だったということがあったのだろうが、ともかく作成者にとって、主人公はむしろスサノヲであり、アマテラスは相手役だった。このような方向でスサノヲを軸に、この神話を考えることもできるのではないか。

「天岩屋神話」の作成者

ところでこのイザナキ・イザナミ系の神話について、その作成者は地方豪族であると、私は繰り返し述べてきた。なお「作成者」より、「伝承を構成した人々」、あるいは「伝承の担い手」や「伝承荷担氏族」といった表現のほうが学問的には適切であるが、一般にはややわかりにくいと思われるので、ここではより端的な表現として「作成者」としている。

しかし、記紀神話の形成や、その作成者について優れた研究を行った岡田精司・三宅和朗両氏は、この天岩屋神話を「中央朝廷の神話」とみている（岡田精司「記紀神話の成立」、三宅和朗

『記紀神話の成立』）。この神話で、ヤマト王権の宮廷祭祀を担当する中臣《なかとみ》・忌部《いんべ》らの氏の先祖が活躍するからである。したがって中臣・忌部らの氏が、この神話の「荷担氏族」（作成者）であろうと両氏は考えた。

　記紀神話の形成について、これを古代国家の成立過程や古代王権のあり方を反映したものとしてみようとする岡田・三宅両氏の考え方に、私はまったく賛成である。しかし具体的な分類となると食い違う点が小さくない。その一つが、この「天岩屋神話」を中央朝廷の神話とみるか、地方豪族の神話とみるかである。では私見のように地方豪族の神話とみた場合、大王家直属の伴造《ばんぞう》氏族である中臣・忌部らの氏が活躍する天岩屋の場面はどう解釈するのか。この問題は、やや専門的な部類に属する問題で、わかりにくいところがあるかもしれないが、重要な点なので、できる限り簡略に私の回答を述べておくと次のとおりである。

「天岩屋神話」は、最初地方豪族によって形成されたあと、歴史の進展のなかで部分的にその内容に変化が生じた。宮廷の鎮魂祭（「鎮魂」の和訓は「みたまふり」、天皇の魂を活気づけ健康を祈る呪法である。天皇を太陽神の子孫として太陽と同一視している）の要素が付加されたこともその一つである。現在見るこの神話に鎮魂祭の要素があることは衆目の認めるところであるが、しかしそれは、最初からあったものではなく、あとから加えられた要素である。

　宮廷の鎮魂祭については、早く松前健氏の、物部系の鎮魂法が古く、伊勢系の鎮魂法はあとから新しく取り入れられたという説（「鎮魂祭の原像と形成」）があり、近年塚口義信氏もまた別の面から、宮廷鎮魂祭は、古くは石上《いそのかみ》（物部）の鎮魂法が中心で、のちに伊勢神宮への信仰の高揚とともにサルメノ君の鎮魂法が宮廷に持ち込まれ、国家的な宮廷儀礼として定着したと指摘している（「天之日矛伝説と〝河内新政権〟の成立」）。

すなわちこれらの説に立てば、この神話が最初形成されるころ、この神話に描かれたサルメノ君（アメノウズメ）の、おそらく冬至祭りに行われたであろう太陽呪術は、まだ宮廷儀礼ではなかった。つまりアメノウズメの踊りの場面は、すでに「天岩屋神話」にあったが、それは宮廷儀礼ではなかったのである。そうだとすれば、当然その時点では、中臣・忌部らの祭祀氏族がその祭りに関与することもなく、天岩屋神話のなかでそれらの氏が活躍する話もなかった。

つまりこの神話の原型は地方豪族によって形成されたが、のちにその一部が宮廷儀礼となることによって、その部分に伴造氏族の伝承が、あとから持ち込まれたのである。

イザナキ・イザナミ系神話の中のアマテラス

以上述べてきたように、イザナキ・イザナミ系の神話は、私見では、ヤマト王権時代（五〜七世紀）に、古くから伝えられてきた土着の神話・伝承を、地方豪族が集成して構成したものである。したがって、そこに描かれた神々の像には、この時代の地方豪族の思想や文化が混入していることは十分ありうる。つまりいま見る神話の神々を、そのまま四世紀以前の神々の像とすることはむろんできない。しかし、四世紀以前から伝えられてきたものが、そこに豊富に含まれていることも、また確かである。

いま問題にしているアマテラスについていえば、この神が、さきに述べたように、神々のヒエラルヒーの頂点に立つ至上神であったり、宇宙秩序の体現者であったりするのではなく、あくまで多神教世界の自然神のひとりであるという、この神話が語っている基本的な性格は、四世紀以前からのものとみてよいと考えられる。

アマテラスを頂点とし最高神とする神々の世界が、古代の日本には存在していたというイメージは、いまなお人々の間に根強く残っている。しかしそれは八世紀以降、律令制以降のアマテラス像をもとにつくられたものであって、そのような神々の世界は、七世紀以前の日本にはなかった。ヤマト王権時代に天の至上神として神々の頂点に立っていたのは、前章でみたようにタカミムスヒであり、それ以前の時代、四世紀以前の日本土着の神話世界における神々の王は、アマテラスではなく、次に述べるオオクニヌシだった。

序章で丸山真男氏の名を出して述べたように、従来政治学者や思想家が、日本の古代王権についで論じようとするとき、つねにとりあげてきたのはアマテラスであり、もっぱらアマテラスの分析をとおして彼らは天皇制を考察してきた。しかし、ヤマト王権時代の王権思想を論じるには、タカミムスヒを取り上げるべきだし、四世紀以前の、日本の初期王権の思想や文化を探ろうとするなら、アマテラスではなく、オオクニヌシをみなければならない。

神々の王オオクニヌシ

従来、アマテラスに関心が集中していたため、その陰にかくれて存在感が希薄であるが、日本の古い時代における神々の王といえば、オオクニヌシをおいて他にはなかった。この神には、アマテラスとは到底比較にならない、圧倒的な量の伝承がある。伝承の量が多いということは、古代の人々の関心がそれだけ高かったということである。むろん高い関心を寄せられた神が必ず王ときまっているわけではないが、この神は「国作りの神」として広く知られ、地上世界の支配者としての伝承もある。したがってこの神にかかわる伝承は、日本の初期王権の思想や文化を知る上での貴重な資料といってよい。しかしこれまでオオクニヌシにかかわる伝承は、必ずしもそのような意味で注目されてきてはいなかった。

なぜオオクニヌシは、日本神話における神々の王としてこれまで注目されてこなかったのか。その理由は記紀神話の構成のなかにある。記紀神話のなかでのオオクニヌシは、国《くに》つ神《かみ》(地上世界の神)の頭領で、天《あま》つ神《かみ》(天上界の神)であるタカミムスヒやアマテラスに国の支配権を譲ったとされているからである。すなわちその筋書きからいえば、国の主権を握っているのは天つ神であり、オオクニヌシはいってみれば被支配層の神、民間の神ということになる。土地の神・農業神としては重要だが、主権神ではない。

本章のはじめの部分、「記紀神話の二元構造」や「記紀神話はどのようにして形成されたか」の項で述べたことを思い出していただきたいが、記紀神話には、五世紀段階で新しく取り入れた、北方系の王権思想に基づく建国神話と、在来の土着の伝承を集成したイザナキ・イザナミ系の神話体系という、まったく異質な、二つの神話体系が入っていた。しかしこの二つは一本化されて、ひとつながりの神話として記紀神話に入っている。その際二つを結びつけるためにとられた方法が、イザナキ・イザナミ系の主神「オオクニヌシ」が、建国神話の主神「タカミムスヒ」に、国の支配権を譲ったという筋書きである。二系統の異質な神話は、そのような形で結びつけられている。この国の支配権を譲る部分が「国譲り神話」と呼ばれている。この部分を、私はあとから加えられた後次的なものとみるのである。そう考える理由の一つを次にあげておこう。

「国譲り」とは何だったのか

タカミムスヒは「国譲り神話」で、天孫を降臨させる準備として、何度も地上に使者を送り、地上世界の主神であるオオクニヌシに支配権を譲るようにと出雲で談判する。そしてその結果遂に国を譲らせることに成功して、地上世界にはもはや誰一人、はむかう人はいないことを確認した上で天孫を天降らせる。これがこの神話の内容である。

ところがそのあとの天孫降臨神話では、いざ天降《あまくだ》った天孫は、オオクニヌシとは何の関係もない九州の日向に降《お》り立ち、そこから東征の長い旅をして大和に辿りつく。その間多くの敵に出会って戦いを交え、戦闘で兄を亡くしたりもするのである。天孫降臨から神武東征にいたる建国神話のなかで、オオクニヌシの「オ」の字も語られることはなく、「国譲り」は影も落としていない。いったい「国譲り」とは何だったのか。

ここに記紀神話の物語上の大きな矛盾があることは以前から指摘されている。私はこれを、建国神話が国譲り以前にすでにできあがっていたことから生まれた矛盾であろうと解釈する。すでにある建国神話を変更して、あとでできた「国譲り」との細部での辻褄合わせをするだけの余力が、神話の最終的作成者にはなかったのである。従来天つ神・国つ神からなる記紀神話の構造について、これを日本神話が古くからもっていた、日本神話に固有の構造とする見方が一般的であった。しかし私は、これまでも述べたように、五世紀以降、ヤマト王権時代に、王権の側によって作られた構造であろうとみている。四世紀以前の人々は、オオクニヌシの上に、さらに絶対的な権威をもつ天つ神がいるなどとは考えていなかった。

オオクニヌシ伝承は、記紀神話の枠組みを外し、建国神話と切り離した上で、独立した伝承として改めて検討を加えるべきなのである。

圧倒的な量の伝承をもつ神

さきに述べたようにこのオオクニヌシという神は、『記・紀』『風土記』『旧事本紀』その他の古文献に、他のどの神をも圧倒する大量の伝承をもっている。その多くは後述する「国作り」の伝承である。またこの神には、一百八十一神の御子神《みこがみ》があったともいわれている。御子神が多いということは、たとえばギリシア神話のゼウスがそうであるように、各地の多くの神々が、その神との結びつきを望んだことの結果であり、まさに有力神であること、神々の王であることのしるしである。

この神にたいする信仰は広範囲で、またきわめて長期にわたっている。時代が下るが、たとえば日本全国六十六カ国における一ノ宮（その国で最も由緒ある大きい神社）の祭神を、平安時代の記録によって調べてみると、オオクニヌシとその御子神など、オオクニヌシ関連の神を主祭神とするものが、実に六十六社のうちの約二十社を占めている。ほぼ三社に一社がオオクニヌシ系という高率で、この神への信仰の広がりや根強さを示している。

石母田正氏は、その優れたオオクニヌシ論（「日本神話と歴史――出雲系神話の背景」）のなかで、「統一的な大国主神話というものは存在せず、あるものはこの神に仮託されたいくつかの神話群であるが、この神話群のなかには英雄神の成立にいたるまでに神々が経過する諸段階が、一個の神の諸側面として雑多な形で併存している」といっている。

たしかにオオクニヌシの伝承には、弥生時代から古墳時代にまでいたるきわめて長い期間に人々が抱いたさまざまな願いが、ひとりの神の諸側面として語られている。この神の別名とされる神が、本来はそれぞれ別の神格だったであろうということは、すでに通説になっているが、それ以外にも、最初はまったく別の神に託されていたものが、長い時間のあいだに転移して他の神のものになり、最終的にオオクニヌシに仮託されたものも多々あるだろうと考えられる。

オオクニヌシとは、そのような神であることを、まず、押さえておきたい。その、まさに日本の古代を代表する神であるオオクニヌシについて、以下その特徴点を拾い、それをとおして日本の初期王権の特質をみることにしよう。

オオクニヌシをとおしてみる初期王権

まだ半ば共同体的な殻のなかにあったオオクニヌシ的王について、「王権」の語は不適切で「首長権」と呼ぶべきかもしれない。しかしこの神は小部族の首長を反映した神というより、大八嶋国や葦原中国《あしはらのなかつくに》など、日本全域を支配領域として視野においた伝承が少なくないので、仮に「初期王権」と呼んでおく。

まず第一に、オオクニヌシ的初期王権にもっとも期待されたのは、農耕・稲作などの生産面や、あるいは生活面での安定・向上である。発達した王権では、主権・祭祀・軍事・生産など、国家の維持に必要な主要な諸機能は分担して担われ、主権・祭祀・軍事は権力者の側が、生産は被支配者が担うのが通例である。しかしこの初期王権では、あらゆる機能がすべてオオクニヌシひとりに託され、なかでも最も期待されたのは、むしろ農耕・稲作などの生産面だった。

笹山晴生氏は、弥生から古墳時代に移るころの首長について、「古墳時代にはいっても、しばらくのあいだは、首長層には弥生時代以来の農業共同体としての性格がつよくのこり、権力者としての側面はまだそれほどあらわではなかった」(『古代国家と軍隊』)といっている。まさにそのような時代に対応する理想的首長像としての特徴を、オオクニヌシ伝承はもっている。

オオクニヌシは「国作りの神」が通称であるが、この場合の「国作り」とは何か。この「国作り」伝承と呼ばれるものの中に、人々がオオクニヌシ的王権に期待したものが具体的に記されている。そこで、その中味をもう少し詳しくみておくことにする。

「国作り」の中味

a 農耕・稲作を勧める。この部類の伝承が量的には最も多い。

b 国土を造成・開発する。たとえば山をうがち谷を開いて平野にする、池をつくるなど。

温泉を開いた伝承は全国各地にきわめて多い。

c　人間や家畜にたいする医療や害虫駆除など。この神が、はじめて人民と家畜のために病気を治療する方法を定め、鳥獣・昆虫の災害をはらい除く呪いの方法を定めたとされている。

このような、現代でいえば生産や開発、あるいは民生的な内容が多いのが、オオクニヌシの「国作り」伝承の大きな特徴である。この他に、

d　妻まぎ(妻をもとめる意)、すなわち遠隔地までよき妻を求めて歩く伝承。

e　国占め(国土の占有)伝承などもある。「妻まぎ」伝承が多いことから艶福神などといわれるが、その対象が、この神の場合、各地の女性首長的な人物であったり、有力な女神であったりするところからみると、単なる色好みというより、国の拡大・統合にかかわる国作りの一環としての妻まぎではないかと思われる。しかしいずれにしても王者の色好みは、古今東西、どこでも好んでとりあげられる話題である。

f　武神・軍神伝承もあるが意外に少ない。弥生時代から古墳時代にかけてのころの日本は絶えまない戦乱のなかにあり、オオクニヌシはその時代の人々が描いた英雄神であるから、当然武力に秀でた英雄であろうと想像される。ところが伝承にみる限りそうではなく、ここまでみてきたようにむしろこの神は農耕の神である。さきに引用した笹山晴生氏の著作に、「首長権力が成立しても、常備軍というものは存在せず、他の首長との戦闘がおこるたびに、配下の

農民に武器を与え、戦いにおもむかせるというかたちがとられたものと思われる」「卑弥呼の晩年におこったという狗奴国《くなのくに》との争いも、おそらく農民集団を動員しての戦いだったのであろう」とあるが、このように専門の軍事組織・軍事指導者が未成立で、戦争はまだ共同体全体の戦いであった社会の状況が、この英雄神の性格を形づくっているのだろう。

以上みてきたような内容が、要するに「国作り」の中味であるが、このような多くの機能のなかでも、もっとも重要視されたのが、最初に述べた農耕神としての機能である。「五百《いお》つ鉏《すき》なお取り取らして天の下造らししオオナモチの命」(沢山の鉏をもって国作りをなさったオオナモチ=オオクニヌシ)というこの神を称える呼び名は、この神の本質がどこにあるかをよく示している。また同時にこの称え名は、鋭利な刃をもつ金属製の農具である「鉏」が、この時期、人々にとって進歩と豊かさの象徴であったことを私たちに示している。

呪術の能力

第二の特質として、オオクニヌシ的初期王権の王は、呪術的能力を必要としたことがあげられる。この時代は社会のあらゆる面で呪術の占める割合が非常に高く、社会統合の原理は基本的に呪術だった。したがって王の条件としても、男女にかかわらず、呪術的能力が要求された。オオクニヌシが王になった次第を語る『古事記』の成功物語でも、根《ね》の国という異界で手に入れた、天《あめ》の沼琴《ぬごと》や生大刀《いくたち》・生弓矢《いくゆみや》といった呪器をもつことによって、彼は王位に就くことができたとされている。なお、呪術的能力が必要とされたのはこの時期までであって、ヤマト王権時代、すなわち五世紀以降の大王(天皇)に必要とされたのは、それとはまた別の原理だった。その原理とは、第一章でみた天に由来する出自・血統である。

さらに第三としてあげられるのは、オオクニヌシ的初期王権の王は、他に隔絶した、唯一絶対の存在ではなかったということである。オオクニヌシと他の有力神との関係は、親子・きょうだいに擬されることが多く、そこに明確な上下の序列はなかった。また、その他の多くの神々の間にもきっちりとした序列は形成されていない。要するにこの神は、有力神のなかの「領袖」、あるいは「頭領」的存在であり、唯一絶対の至高神的存在ではなかった。言葉を換えれば、この神をとりまく世界は、前にも述べたように、男女の神々が自由闊達に活躍する「多神教的世界」であった。

最後に第四の特質として、これは繰り返し述べた点であるが、海に深くつながった「海洋的世界観」があげられる。海の彼方に尽きることのない生命の源泉があるという観念、すなわち「トコヨ(常世)の国」の観念が、オオクニヌシの遊離魂伝承でみたようにこの王権を背後から支えていた。さらにトコヨの他にも、高天原《たかまのはら》や根の国、あるいは黄泉《よみ》の国、海神《わたつみ》の国など、いくつもの異界があって、この世界では多様な価値がそれぞれ独立して分散的に存在していた。

以上、オオクニヌシ伝承をとおして、この時代の人々が抱いていた理想的王権像の特質についてみてきた。ここにみられる王権像・首長像は、倭王とはいっても、豪族連合の盟主にしか過ぎなかった四世紀段階までの王に、まさに適合的といえるのではあるまいか。これが第一章でみた、北方系王権思想を取り入れようとする直前の頃の、アマテラスが生まれ育った時代の、日本土着の思想や文化の一端である。

最後にひと言、この時代に日本列島に存在していたのは、けっしてオオクニヌシ的首長だけではなかったということを付け加えておきたい。義江明子氏の意欲的な女性首長論(『つくられた卑弥呼』)にみるような卑弥呼《ひみこ》に象徴される女性首長や、あるいはヒメ・ヒコ制といわれる男女の兄妹・姉弟による複式首長、また女性のみ・男性のみの複数の姉妹・兄弟による複式首長など、きわめて多様な形態の首長が、この時代の日本にはあった。しかしオオクニヌシはそのなかで、おそらく最も進んだ主導的な流れを代表する首長像であり、ヤマト王権時代の豪族たちが、そこにみずからのアイデンティティを求めたいと考えた首長像だった。

第四章　ヤマト王権時代のアマテラス

この章では、ヤマト王権下(五世紀〜七世紀)でのアマテラスについて概観したい。五世紀にはじまるヤマト王権時代は、タカミムスヒに象徴される北方系の外来文化が、弥生以来の土着文化の上にかぶさって、「二元構造」をなしていた時代である。

ここで断っておくと、これまで中国文化の影響についてはほとんどふれてこなかったが、倭の五王による宋との朝貢外交をはじめ、朝鮮半島との密接な交流をとおして、日本はいうまでもなく早くから中国の文化を直接的・間接的に取り入れていた。ヤマト王権時代も七世紀以降、とくに中頃以降になると、支配層の間に中国の文字文化を本格的に受容できる体制が整い、二元ではなく、中国文化を主体にした三元構造の時代に入っていく。そして七世紀末葉の、律令制度成立期以降は、周知のように中国の文化が政治や社会のあらゆる面で、主導的な文化として浸透していく。その意味では、このヤマト王権時代全体が、いわば中国文明受容への準備期間、あるいはそこに至る過渡期ともいえる。このような、中国文化の影響については、終章で述べることにしたい。

本書で新しく問題提起しようとしているのは、従来一枚岩的な文化だと思われてきた伝統文化のなかに、実は二元構造があったということである。そこで本章は、その二元構造の問題を、引き続き追究することにし、二元構造の一方の主役であり、次の時代には国家神の地位につくことになるアマテラスが、ヤマト王権下ではどのような神として存在していたかに重点を置いてみることにする。

直木孝次郎氏の伊勢神宮論

ヤマト王権下のアマテラスを概観するには、最初にやはり直木孝次郎氏の伊勢神宮論（『日本古代の氏族と天皇』）をみておくのが、いちばんわかりやすい。

アマテラスを祭る伊勢神宮は、古くから皇室の先祖神を祭る神社だったと長い間固く信じられてきた。しかしそれについてはすでに戦前、津田左右吉によっても疑問が提出されていた（『日本古典の研究 上』）。さらに第二章でふれたように戦後直木孝次郎氏の伊勢神宮論によって、七世紀まで伊勢神宮は地方神を祭る神社だったという説が、一つの学説として確立し、現在通説になっている。ということは、つまり伊勢神宮の祭神であるアマテラスは、七世紀までは皇祖神ではなかったということである。そこで直木説を簡略に紹介すると、その理由は次のとおりである。

1　皇室が己の先祖神を、本拠とする大和から遠く離れた伊勢の地に祭るのはおかしい。

2 伊勢は、とくに皇室と深い関係のあった地でもなく、皇室の勢力の強い地でもなかった。
3 古代には、天皇みずから伊勢神宮に参ったという記録が一つもない。
4 『日本書紀』の伊勢神宮に関する記事をみると、他の社と同格に記されており、特別な神社であるという意識がなかったことを語っている。これに比べて八世紀の記録である『続日本紀《しょくにほんぎ》』をみると、ここではじめて伊勢神宮を「伊勢大神宮」という特別な名称で呼んでおり、他と区別する意識が明瞭になっている。

そこでこのような疑問をもとに想定された伊勢神宮の歴史は、ほぼ次のような内容である。

1 伊勢神宮は、はじめ太陽神を祭る地方神の社であった。
2 六世紀前半頃に皇室と密接な関係が生じ、皇室の崇敬を受けるようになった。その理由としては、伊勢が東方発展の基地として重視されたこと、また伊勢は大和の東方に当たるため、太陽神の霊地と考えられていたことがある。
3 地方神であった伊勢神宮が、皇祖神を祭る神社に昇格したのは奈良時代前後である。昇格の契機としては、壬申《じんしん》の乱（六七二年）における神宮の冥助《みょうじょ》、すなわちアマテラスの加護が考えられる。

右に記したような直木氏の伊勢神宮論に、私は基本的に賛成で、第二章でも述べたが、アマテラスは七世紀末葉までは皇祖神ではなく、伊勢地方で祭られた一地方神だったと考える。では一地方神としてのアマテラスは、ヤマト王権下でどのような形で、どのような神として人々の間にあったのか。アマテラスに関する同時代の記録はきわめて乏しく、伝説の類をとおして推測する以外にないのであるが、最初に引く『日本書紀』の記事は、ほとんど唯一ともいえるアマテラスに触れた生《なま》の記録、つまり同時代の記録である。

伊勢大神と猿の使い

『日本書紀』の皇極《こうぎょく》天皇四年(六四五)正月条に、次のような記事がある。

> 都の周辺の、あちこちの丘や川辺や宮殿・寺院の間などに、何か見えるものがあり、猿のうめく声が聞こえた。十匹か二十匹のようだ。近くによってみると見えないが、やはり鳴く声は聞こえる(旧本では、この年に遷都があって都が難波《なにわ》に移り、現在の板葺宮《いたぶきのみや》は廃墟になる前兆であるといっている)。
>
> 時の人は、「これは伊勢大神《いせのおおかみ》のお使いに違いない」といった。

六四五年といえば、この年は、日本史の教科書にも必ず載っている古代史上指折りの激動の年である。この年の六月、後に天智《てんち》天皇になる中大兄《なかのおおえ》皇子と中臣鎌足《なかとみのかまたり》による、蘇我入鹿《そがのいるか》暗殺事件が起きた。このクーデターは成功して、ここに権勢を誇る蘇我氏は滅亡し、中大兄皇子が権力を握って、新天皇孝徳《こうとく》を表に立て、のちに大化の改新と呼ばれる政治の大改革に乗り出す。

あとからみるとこの年は、このように政治制度上の一大転換点であるが、引用文のなかの旧本がいうように、一般の民間人にとっては、この年の十二月に行われた難波への遷都の方が、はるかに重大事であり、関心事でもあったようだ。ともかく右の記事は、そのようなこれから起きるであろう社会の変動を予知して、それを猿を使いにして伊勢大神が人々に知らせたという風説が、当時あったことを記している。

伊勢大神は、ここで人々のうわさのなかにちらっと姿を見せるにすぎないが、当時の都周辺の人々にもよく知られた、存在感をもった神であったらしいことが、この風説から読みとれる。しかしこの記事から窺える伊勢大神の相貌は、どうみても改革に主体的にかかわっている皇祖神の顔ではなく、傍観者である地方神のそれだといわねばならないだろう(伊勢大神の「―大神」という名称は、『日本書紀』には大倭《おおやまと》大神・紀伊大神・土佐大神・出雲大神など各地域の有力神に多数使われている名称であって特別なものではない。しかし『続日本紀』では、「伊勢大神」「伊勢大神宮」以外に「―大神」は使われておらず、特別な名称になっている)。皇祖神はこれとは別に、同じ年(六四五)の八月に出された詔勅のなかに、次のような形で顔をみせている。

詔勅の中の皇祖神

さきほど六四五年を皇極四年としたが、この年の六月に天皇は皇極から孝徳に代り、さらにはじめて年号が建てられて「大化元年」となった。『日本書紀』の、その大化元年八月条に、改革の第一弾として発令された「東国国司への詔《みことのり》」とよばれる詔勅が載っている。その冒頭に次のような意味の文言がある。

天つ神のご委任にしたがって、いま初めて万国(日本の国々)を治めようとしている。およそ国家のすべての公民と、大小の豪族所有の民衆について、みな戸籍を作り、田畑を検校《けんぎょう》するように。

詔勅の冒頭に「天つ神のご委任にしたがって」という文言があるが、これは天孫降臨の際に「天つ神」が、国の統治を天皇家の先祖に委任したことを指している。第一、二章でみたように、この思想が天皇家存立の基盤なので、奈良時代の宣命《せんみょう》(口語体の詔勅)にも、国家の重大事の際には、同様の文言が必ずはじめに置かれている。なお「東国国司への詔」は、「国司」など後代の用語を含んではいるが、内容は当時の原文に基づくとみる説が有力である。この冒頭の文言に関していえば、私はこの文言がこの時期にあってもおかしくないと考えている。

この詔勅の「天つ神」は、主権神として天皇の行う改革に主体的にかかわっている神であって、この神と、猿を使いにして社会の異変を予言する神とが同一神とは考えにくい。この詔勅の「天つ神」こそ皇祖神であり、それは、この時期タカミムスヒだった。

大化元年という歴史的な年の記事のなかに、一方はうわさ話のなかで、一方は詔勅のなかでそれぞれちらっとではあるが、偶然そろって姿をみせているこの二神は、このように、それぞれその立場にふさわしい相貌をみせている。

東方経略の基地としての伊勢

話をアマテラスに戻すと、アマテラスは地方神ではあったが、しかしかなりの勢力をもった神であったらしいことを、同時代の「時の人」の声をとおして垣間見た。ではなぜこの神は、そんな力をもっていたのだろう。

その理由の一つとして挙げられてきたのが、直木説でも取り上げられていた、この地域のもつ東国(時代によって範囲が異なるが、古くは近畿以東、のちには関東一円をさす)への出口としての重要性である。詳しい考証は直木氏の論考にもあり、また最近では川添登氏の『伊勢神宮』にもあるのでそれらに譲るが、古くからこの地域は、海路で東国地方へ渡る際の交通の要衝だった。「百船《ももふね》の度会《わたらい》の県《あがた》」という、「度会」(伊勢神宮のある地域の地名)についた「百船」という枕詞は、多くの船が絶え間なく行き交うこの地の状景を彷彿とさせる。川添氏によれば、大和から東国へ行くのに、陸路で鈴鹿《すずか》を越えて尾張へ出るコースと、南大和から櫛田川を河口まで下って、伊勢湾の海浜から、現在の愛知県渥美《あつみ》半島の先端である三河に渡る海路のコースがあるが、海路のコースが最短で早かったという。

持統天皇は、持統六年(六九二)と大宝二年(七〇二)の二回、伊勢に行幸しているが、二度とも、行きは海路のコースをとったようである。『万葉集』に、両度の行幸の時おつきの人々がうたった歌がある。持統六年の時のものに、これは留守居役の柿本人麻呂の作だが、お供の女官が、三河国側の伊良湖《いらご》の岬の辺りで船にのっている様子を想像して歌ったものがある(巻一、四十二)。大宝二年の時のものでは、現在の松阪市東黒部町辺りにあった良港で、海浜が的のように丸く入り込んでいるところから、「的形《まとかた》の浦」と呼ばれた海岸の景色を、本当にすがすがしく美しいと、女官の一人が詠んでいる(巻一、六十一)。

同じく『万葉集』の麻続王《おみのおおきみ》をうたった歌(巻一、二十三)の題詞に「伊勢国の伊良湖嶋」といった表現がみられるなど、伊勢と対岸の三河の伊良湖とは海路による交流が密接で、都の人にとっては両地域が、心理的にきわめて近かったことを語っている。

百船の渡りあう「渡会」の港は、三河への航路としてだけでなく、遠く、房総半島の先端にある安房《あわ》の国(現在の千葉県)へ、直接渡る航路の出発点でもあったらしい。これら海路のことは、今後考古学によってさらにあきらかになるであろうが、いずれにしても、ヤマト王権にとっての東国の重要性を考えれば、伊勢のこの地域が、東方への交通の要衝として、戦略上きわめて重要な地域であったことは確かである。

ところで、この東方への出口としての伊勢と、朝鮮半島や、さらにそこを経て大陸へ向かう北の出口である北九州の沖ノ島とが、東と北の海上交通の要衝としてヤマト王権下でともに重要視され、両者がそのことを意識していたとみられる形跡がある。次はその点をみてみたい。

沖ノ島の祭祀と宗像三女神

沖ノ島は、九州北岸と朝鮮半島南岸とのちょうど中間に位置する、玄界灘の孤島である。現在は福岡県宗像《むなかた》市に属している。この島は、古くから神聖な島として、周辺の海民や航海者の信仰の対象となっていたらしいが、四世紀後半以降畿内勢力の直接祭祀を受けたと思われる祭祀遺跡が、一九五四から七一年の調査によって発見され、一躍有名になった。祭祀遺跡からは、ササン朝ペルシアで生産されたカットグラス碗の破片や、唐三彩《とうさんさい》の長頸瓶など豪華な奉納品が出土し、「海の正倉院」と呼ばれている。

なぜそのような手厚い祭祀を受けたかといえば、いうまでもなく朝鮮半島へ渡る航路の安全祈願のためである。第一章で述べたように、四世紀後半以降の日本にとって、この海域の交通の安全は、政権の死活を制するともいえるほどの重要性をもっていた。

この沖ノ島の神オキツシマヒメは、単独で祭られていたのではなく、内陸にある辺津宮《へつみや》に祭られたタキツヒメと、その中間にある中津宮《なかつみや》に祭られたイチキシマヒメの三女神が、宗像三女神とよばれて一括して祭られている。その神社は、総称して宗像大社と呼ばれる。

しかしこの三神は最初から三神だったのではなく、和田萃《あつむ》氏もいうように(「沖ノ島と大和王権」)最初は沖ノ島だけが祭祀の対象であり、やがてそこを遥拝するところとして中津宮が、さらに内陸から遥拝するために辺津宮が生まれたのであろう。また奉祭する氏族についても、最初の段階では畿内の勢力や、また宗像氏以外の周辺の豪族たちも祭っていたのが、七世紀段階になると宗像君氏《むなかたのきみ》が独占して祭るようになったようである。したがって、『記・紀』にみる「宗像君の奉祭する宗像三神」という形は、おそらく七世紀以降にできたものである。

なお宗像氏は、現在の福岡県宗像市辺りに本拠を置く豪族である。天武朝頃には中央政界に進出し、その娘は、天武天皇の第一皇子である高市《たけち》皇子を生んでいる。

この北九州の宗像三女神と、伊勢のアマテラスとのあいだには密接な関係があった。というのは宗像三女神は、これから述べる「ウケヒ神話」でアマテラスが生んだ子とされているからである。つまり宗像三女神とアマテラスは、神話上親子の関係にあった。

宗像三女神と「ウケヒ神話」

神話を歴史と交錯させながらその意味を読み取っていくのは、私たちにはきわめて厄介で戸惑いの多い作業である。しかし序章でもふれたように、『記・紀』の時代はまだ神話に片足を置いた時代であって、『記・紀』を読むにはその仕事に慣れる必要がある。

さて「ウケヒ神話」は、複雑で問題も多い神話であるため前章では省略したのであるが、ここではその一部に立ち入らざるをえない。なぜならこの神話では宗像三女神をはじめ、多数の地方豪族の先祖がここで生まれたことになっているからである。そして後述のように、皇室の先祖である天孫ニニギの父親オシホミミも、ここで生まれたことになっている。

「ウケヒ神話」自体は、四世紀以前にその原型が成立した古い神話なのであるが、そこで生まれる神々に、ヤマト王権時代の地方豪族や、さらにのちには皇室も、その先祖を結びつけたのである。言葉を換えればこのことは、アマテラスやスサノヲにかかわる神話がヤマト王権下で、多くの地方豪族に受容され親しまれていたこと、また皇室もこの神話に出自を結びつけざるをえなかったということを示している。その意味で、「ヤマト王権下のアマテラス」をテーマとしている本章にとって、注目すべき神話の一つなのである。

まずごく簡単にこの神話の筋書きを述べておこう。前章の「イザナキ・イザナミ系の神話世界」(一一六頁)の項を思い出していただきたいが、「ウケヒ神話」とは、イザナキから地上世界を追放されたスサノヲが、アマテラスのいる天上界にやってきたところからはじまる神話である。

天上界にいたアマテラスは、弟スサノヲが、自分の国(天上界)を奪おうとしてやってきたに違いないと考え、完全武装して待ちうける。しかしスサノヲは、自分にはそんな野心はないといって、「清明心《きよくあかきこころ》」を証明するために占いの一種である「ウケヒ」をやるといい出す。ところがなぜか、「ウケヒ」はアマテラスを巻き込んで二神の間で行われることになる。銀河のことだともいわれる、天上界を流れる天《あめ》の安《やす》の河を挟んで二神が対峙するという大がかりな舞台装置のもと、互いに子を生み比べるという、神話ならではの奇想天外な占いが行われる。

二神はそれぞれ身につけていた剣や玉を「物実《ものざね》」(物のもとになるもの)にして、それを天上界の神聖な泉でよくすすぎ、口に含んで嚙み砕いては霧のようにして吹き出すといったやり方で、天孫ニニギの父親オシホミミや宗像三女神など何人もの子を生むのである。そしてその結果スサノヲは、「清明心」の証明のはずだったのに、私は勝ったと歓喜し、勝ちにまかせて天上界で我がもの顔に乱暴を働く。そして前章でみた「天岩屋神話」に続いていく、といった筋書きである。

この神話は、いま『記・紀』にみる形になるまでに、何段階かの改変を経てきていると思われ、筋書きに無理が多い。「ウケヒ」の目的をスサノヲの「清明心」の証明とするのはおそらく最終的な改変の結果であって、これは二神で生み比べをしたり、それぞれ何人もの子を生むといった「ウケヒ」のやり方との間に、あきらかに矛盾が大きい。本来この神話は、スサノヲがアマテラスに挑んだ、宇宙の支配領域を賭けた大勝負の物語だったのではないかと私は推測しているが、しかしこのような問題はまた別の機会に考えよう（拙論「スサノヲの復権――ウケヒ神話を中心に」参照）。いまここで必要なのはアマテラスの子は女神なのか男神なのかである。なぜならそれによって、宗像三女神はアマテラスの子であるのかどうかが決まるからである。そしてまたそのことは、同時に天皇家の先祖神オシホミミはアマテラスの子なのかどうかという重大な問題にも直接かかわってくる。

アマテラスの子は女神か男神か

「ウケヒ神話」には『記・紀』に六つの異伝があり、そのうちの二つだけ、『古事記』と『日本書紀』本文が、アマテラスの子は五男神で、スサノヲの子が三女神（宗像三女神）であるとしている。ところが他の三つの異伝（第六段、第一・三の一書、および第七段、第三の一書）では、アマテラスの子が三女神(宗像三女神)で、スサノヲの子は五または六男神となっているのである。つまりあとの三つの異伝は、前の二つとは子の男女が逆になっている。なお異伝の一つ(第六段、第二の一書)はどちらの子かについて言及がないので子の所属は不明である。

思い切って簡略化したが、実際はこの神話はもっと複雑である。というのは、アマテラスの子を女神とする三つの異伝では、アマテラスが自分の剣を嚙み砕いて三女神を生み、スサノヲもやはり自分の身につけた玉を嚙み砕いて五(六)男神を生んでいるので、生まれた子は誰の子かという点でまったく問題がない。しかし他の三つ、『古事記』と『日本書紀』本文、および第六段、第二の一書では、アマテラスとスサノヲが、それぞれ自分の玉や剣を相手に渡し、ふたりは相手の物(物実)を嚙み砕いて子を生むことになっているのである。これを「物実交換」というが、そのため、生まれた子はいったいどちらの子なのかという問題が生じてしまう。

そこで『古事記』と『日本書紀』本文では、子が生まれたあとでアマテラスによって、五男神は私の物から生まれたから私の子ですという宣言がなされているのである。しかし、そもそもこの占いは、生まれた子の性別が判定の対象である。にもかかわらず、子がすでに生まれてその性別もわかったあとで、しかも当事者のひとりであるアマテラスによって、誰の子であるかが決められるというのは、どうにも納得のいかない筋書きである。これでは結果が出たあとで条件を決める、つまりジャンケンをしたあとでチョキが勝ちと決めるようなものである。この話には他にも疑問点・矛盾点が多数あって、少ない紙数では到底書ききれない。

そこで以下結論のみ述べることになるが、アマテラスが自分の身につけた物から三女神を生み、スサノヲもやはり自分の身につけた物から五(六)男神を生む、三つの異伝のほうが、本来的な古い伝承であろうと私はみる。それにはいくつかの理由があるが、一、二概略をいえば、一つには、アマテラスが女神を生みスサノヲが男神を生む三つの異伝では、アマテラスは「天照大神」ではなく、一貫して「日神《ひのかみ》」と書かれているといったことがある。『古事記』と『日本書紀』本文は、いうまでもなく「天照大神」あるいは「天照大御神」である。この名称はアマテラスが皇祖神の地位に就いてから、その地位にふさわしくつけられた新しい名称であり、「日神」は、それ以前に「月神」などとともに使われていた古い名称である。

あるいはまたスサノヲはこの神話で、「私はまさに勝った」と勝ち誇るのであるが、「正勝吾《まさかつあ》勝《かつ》」(まさに私は勝った)という称辞《たたえごと》は、つねに男神であるオシホミミの名前についているということもある。すなわち男神を得て私は勝ったぞとスサノヲが宣言し、そのため「まさに勝った」という称辞が男神オシホミミについているのである。他の異伝(『日本書紀』第一の一書)にも、スサノヲは男神を得て、「私は完全に勝った証しを得た」と言ったとある。ところが『古事記』では、スサノヲは女子を得て勝ち誇ることになっている。にもかかわらず『古事記』の場合も、「正勝吾勝」という称辞は男神についているのである。これはあきらかに矛盾であって、スサノオが男神を得る三つの異伝のほうが種々の点で矛盾が少なく筋がとおっている。

皇祖神には男子が必要

そこで、もし本来の伝承では、三つの異伝がいうようにアマテラスの子は女神なのだとしたら、なぜ二つの異伝――『古事記』と『日本書紀』本文――では、男神になっているのだろうという疑問が出てくる。しかしその理由は明白で、要するにそれはアマテラスが皇祖神の地位に就くためである。アマテラスは、天皇系譜の基点に位置する男子をもたなければ皇祖神にはなれない。そしてそのチャンスは「ウケヒ神話」以外にはないのである。すなわちアマテラスの皇祖神就任が決まったあとで、アマテラスが男子をもつために、「ウケヒ神話」で生んだとされている子が、三女神から五男神に変更されるという操作が行われた。このように考えると辻褄の合うことが多数ある。

たとえば五男神のうちの一人オシホミミは、アマテラスの子として天皇家の先祖になるのであるが、兄弟神である残る他の男神はみな中級クラスの地方豪族の先祖なのである。『古事記』によると関東から中部・近畿・北陸・中国など各地方の国造級(後述)の地方豪族でとくに関東地方に多い。同じ兄弟の子孫なのに、天皇家との間にあまりに落差が激しい。しかしこれはもともと多くの地方豪族がその先祖をスサノヲに結びつけていたのに、そのうちの一神であるオシホミミだけが突如天皇家の先祖になってしまったために起きた不自然さであり、不均衡だと考えれば納得がいく。アマテラスを急遽皇祖神に仕立てあげるために生じた矛盾や不合理は、この他にも記紀神話のいたるところにみられる。

だいたいこの「ウケヒ神話」は、本来血統主義とはまったく縁のない神話であって、そこで行われる子生みは、一種競技的な生み比べだった。アマテラスやスサノヲと、生まれた神々との間に血縁などはなく、それは首飾りの玉や剣と、その持ち主との関係にしかすぎない。もともとこの神話で問題になっていたのは血縁ではなく、生まれた子の性別によって勝ち負けをきめることだった。

宗像三女神とアマテラス

ともかくこのようにして北九州の宗像三女神は、伊勢のアマテラスと神話上親子の関係にあった。ではこのような密接な関係はいつ、どのようにして生まれたのだろう。それを直接示す史料はないが、私は両者がともに海上交通の守りとして、王権から重視されていた点に、その接点があるのではないかと考える。

そう考える理由の一つは、「大《おお》ヒルメノ貴《むち》」・「道主貴《ちぬしのむち》」という名称の共通性である。前者は『日本書紀』が記しているアマテラスの正式名称であり、後者は同じく『日本書紀』に記された、宗像三女神を総称していう名称である。「―貴《むち》」という特別な尊称をもったこのような神名は、数ある神名のなかでこの二者にしかみられない。このことは、ある時期、王権側の二者にたいする認識に、共通するものがあったことをうかがわせるものである。なお「大己貴《おおあなむち》」、すなわちオオクニヌシも語尾に「貴」をもつが、これはこの二者とは名称の性格がやや異なる。「ヒルメ」「道主」はこの部分だけで独立した名称であるが、「大己」は独立した名称ではない。この神名の場合はオオアナムチという古い固有名詞に、あとから適当な漢字として「貴」が当てられたにすぎない。

沖ノ島が王権の直接祭祀を受けていたことは、考古学からもいわれており、『日本書紀』にもその記録がある。また伊勢大神も六世紀代に、皇女の派遣による直接祭祀が行われたことは確かだと思われる。王権がある時期両者をとくに重要視していたことは間違いない。

東と北の海路の守り

さきに「ウケヒ神話」には、アマテラスが三女神を生んだとする異伝が三つあるといったが、そのなかの一つの異伝(第六段、第一の一書)に、アマテラスが自分が生んだ三女神にたいして次のようにいう箇所がある。

日神〔アマテラス〕は、お生みになった三女神を筑紫洲《つくしのくに》〔北九州の福岡県の辺り〕にお降しになると、三女神に教えて次のようにおっしゃった。

「あなた方三神は、朝鮮半島への海路の真中に降って、天孫をお助け申し上げて、天孫によって祭られなさい」

この箇所について、これは天孫降臨の際に、天孫を助けるようにということを言っているのだろう、といった解釈がこれまで注釈書類でなされてきた。「天孫を助けよ」というアマテラスの言葉を、天孫降臨の際の「神勅」とみるのである。しかしそれは、アマテラスを頭から皇祖神と信じているところからきた解釈であって、この異伝のアマテラスは、けっして皇祖神ではない。なぜならアマテラスはこの異伝では、「お生みになった三女神」と明確に書かれているように、女神を生んだのであって男神は生んでいないからである。男子を生まない限りアマテラスは皇祖神にはなれない。

あるいはまた、天孫降臨は、記紀神話のストーリーとしては、まだずっとさきのことなのに、ここに「天孫」が出てくるのはおかしい、といった疑問も以前から出されている。たしかに記紀神話の筋書きでは、天孫降臨は「ウケヒ神話」より後に出てくる話であって、この時天孫はまだ生まれてもいない。しかし前章で述べたように（「記紀神話はどのようにして形成されたか」一〇三頁)、実際には「ウケヒ神話」がまとめられるころ、天孫降臨神話はすでに存在していたのである。「天孫」とは、この場合広く大王家(=天皇家)を指していう言葉であって、この異伝は、朝鮮半島への海路をしっかりと守って大王家を助け、大王家の直接祭祀を受けるようにと言っている。この伝承が作られた当時、現実に存在していた歴史事実を踏まえて、その起源を語る形で語られているのである。

もう一つ別の異伝(第三の一書)にも、ほぼ同様の内容があるが、こちらにはその天降った三女神について、「いま海北道中(朝鮮への海路の途上)においでになる道主貴がその神です」と書かれている。先述の「道主貴《ちぬしのむち》」である。この異伝には、奉祭氏として北九州の豪族である水沼《みぬま》君の名がある。「ウケヒ神話」のこの二つの異伝は、アマテラスが生んだ宗像三女神の役割が、「海の北の道」の守護にあるということをはっきりと認識して作られている。

以上みてきた宗像三女神とアマテラスとの親密な関係は、北九州の豪族宗像君や水沼君が、この伝承が形成される六、七世紀当時、「ウケヒ神話」やアマテラスにいかに親しんでいたかを示している。が、それと同時にこの伝承の内容は、伊勢のアマテラスと北九州の宗像三女神が、東方への出口と大陸へ向かう北の出口としての役割によって、ともに王権に重視されているところからきた親密感も、そこにあったことを推測させるものである。

「神功皇后伝説」

次にもう一つ、「神功《じんぐう》皇后伝説」に描かれたアマテラスをとおして、ヤマト王権下の人々が抱いていたアマテラスの、また別の顔をみてみることにしたい。これは、仲哀《ちゅうあい》天皇の后である神功皇后の働きによって、日本が朝鮮半島の新羅をはじめ、高句麗・百済など、いわゆる三韓を支配下に置くことになったという内容の伝説である。実年代でいえば、倭の五王より前、四世紀末頃の出来事ということになり、第一章で取り上げた時代とほぼ重なる。したがってこの話が、いかに史実とかけ離れたおとぎ話であるかは、改めていうまでもないだろう。ただしかし、三韓をみな支配下においたとするのはまったくのおとぎ話であるが、新羅に関しては根も葉もないとは言い切れない問題がある。この伝説の背景を知っておくため、はじめにそのことに簡単にふれておこう。

第一章で引用した好太王碑文の四〇〇年条に、「五万の高句麗軍が、新羅を救援するためにやってきたとき、新羅城(王城)は倭兵で満ちていた」といった意味の文章があった。そこにもみられるように、四世紀末から五世紀はじめにかけてのころ、倭はしばしば新羅に侵攻していた。このことは史実として認められている。新羅はそれを防ぐため、人質の王子を長期間倭に派遣するなどの政策をとっていた。その後も倭と新羅との関係は友好的とはいえず、日本(倭)は新羅にたいしては一貫して強硬な態度を取り続けている。推古朝に、新羅が日本にたいして

「調物《みつきのもの》」を貢献する朝貢国としての礼をとっていたことが文献で確かめられる。八世紀はじめに律令国家が成立したとき、日本は新羅を「蕃国《ばんこく》」として位置付けたが、これは日本の国際的地位と権威の維持に不可欠の要素であったといわれている（石母田正「天皇と諸蕃」、濱田耕策『新羅国史の研究』）。神功伝説は、そうした新羅との関係の起源を語るものとして、『記・紀』で重要視されているわけである。

この伝説の成立時期については諸説あるが、最終的な成立は、七世紀の前半にもってくる説が有力である。いずれにしてもヤマト王権時代に形成された伝説であることは確かで、そこに出てくるアマテラスが、ヤマト王権時代の人々が抱いたアマテラス像の一つであることは間違いない。あらすじは、およそ次のとおりである（『記・紀』は大筋では同じである。以下は主として『日本書紀』によった）。

天皇（仲哀）と皇后が、南九州の熊襲《くまそ》を征伐するため、北九州の香椎宮《かしいのみや》（福岡県の博多の辺り）にいた時、ある神が、皇后に乗り移って託宣を下した。

もし私を手厚く祭ったならば、刃《やいば》を血塗らずして、金銀財宝に満ち溢れた国（＝新羅国）を帰服させよう。ただし私の祭りには、天皇の船と、収穫の多い水田を供え物として出すように。

しかし天皇はその託宣を信じようとしなかったため、その神の怒りに触れてたちまち亡くなってしまった。残された皇后は、もう一度その神を呼び出して財宝の国を得ようと思い、琴を弾かせ、幣帛《へいはく》をうず高く積み上げ、一心に祈請《きせい》して神を求めた。すると七日七夜たって神は口を開き、自分の名を告げた。その神の名は、『古事記』ではアマテラスと住吉三神(航海神)の二者であるが、『日本書紀』ではその上に、アマテラスの分身的な神であるワカヒルメと、さらにコトシロヌシ(託宣神)の二神が加わっている。

出陣したあとの戦いの場面は、まったくのおとぎ話で、海原の大小の魚がすべて集まって皇后の船をかつぎ、追い風も吹いて船はいっきに新羅の国の半分あたりまで押し上がったという。そして新羅はあっというまに降伏し、それを聞いた高句麗・百済もみずからやってきて朝貢国になることを誓ったという物語である。

「神功皇后伝説」でのアマテラス

この伝説についていま問題にしたいのは、さきに述べたようにこの伝説で、アマテラスはどのような神として描かれているかである。ここでは次の三点をあげておきたい。

第一は、皇祖神ではなく地方神のひとりとして描かれているという点である。

アマテラスを含めて、託宣したすべての神々が皇祖神ではないということは、はっきりしている。なぜなら天皇にたいして、船や土地を供え物としてさし出すことと引き換えに、王権の領土拡大への協力をもちかけていること、とりわけ自分を信用しない天皇を、死に至らしめて威力をみせつけていることなど、皇祖神としては到底ありえない行為といっていいからである。また『日本書紀』の記述のなかに、仲哀天皇がこの神の存在を疑って、「わが皇祖の諸天皇は、これまで天神地祇《てんしんちぎ》すべての神々をお祭りしてきた。それに漏れた神などあるだろうか」といったという箇所がある。これなども、その対象とする神が皇祖神ではないという見方を強めるものである。

第二としては、政治性をもった神という点があげられる。

これについては説明の必要はないだろう。領土拡大というきわめて政治的な事柄について、積極的に自分の方から協力をもちかけている。あきらかに政治的な性格を強くもった神といわねばならない。

第三としては、背後に地域の祭祀集団を感じさせる神という点をあげたい。

これはとくにアマテラスについて感じられる特徴である。『日本書紀』によるとアマテラスは、単独で事を起こしているのではなく、分身的な神で、隣接した地域に祭られているワカヒルメとともに託宣したことになっている。託宣した神が口を開いて自分の名を名乗る場面で、アマテラスは、「神風《かむかぜ》の伊勢国の、百伝《ももづた》う度逢県《わたらいのあがた》の、拆鈴五十鈴宮《さくすずいすずのみや》に居《ま》す神、名は撞賢木厳之《つきさかきいつの》御魂天疎向津媛命《みたまあまさかるむかつひめのみこと》」であると名乗り、ワカヒルメは、「幡荻穂《はだすすきほ》に出《で》し吾《あれ》や、尾田《おだ》の吾田節《あがたふし》の淡《あわの》郡《こおり》に居《ま》す神」であると名乗っている。

いかにも託宣での名乗りらしい趣があるが、ともかくこの長々しい名乗りは、これまでの研究によると、アマテラスのほうは、アマテラスの荒々しい魂である「荒魂《あらたま》」の名称であり、ワカヒルメのほうは、伊勢に隣接する志摩国の、「答志《たふし》郡の粟《あわ》島においでになる神」といった、所在地を名乗る形での名称のようである。『延喜式』の神名帳には、ここに神社があったことが記されている。そして、このアマテラスの荒魂とワカヒルメは、物語の最後の部分で、前者は摂津国の広田で祭られることを要求し、後者は、同じく摂津国の生田を希望して、それぞれ希望した場所で、その後祭られたことになっている。

このようにアマテラスは、単独ではなく、志摩の「田節《たふし》」=「答志《たふし》」の「淡《あわ》」=「粟《あわ》」島に祭られていた、分身的な神であるワカヒルメとともに行動を起こしている。またそれによって、それぞれ畿内に新たに一つの拠点を得たらしい。これらのことを考え合わせると、伊勢から志摩にかけての太平洋沿岸の地域に、太陽神祭祀の聖地があり、それを支えている祭祀集団が、勢力を拡大して中央に拠点をもとうとして、このような動きをすることがあった、それを物語に取り込んだということではないか、といった推測が浮かんでくる。

以上「神功皇后伝説」に描かれたアマテラスについて、その描かれ方の特徴を挙げてみた。第三点に関しては一つの可能性を述べたにすぎないが、第一、二点は、ヤマト王権時代の人々が、アマテラスにたいして抱いていた像の一つといって差し支えないだろう。

この伝説に描かれたアマテラスは、見てきたとおり王権の朝鮮半島支配への欲望に手を貸して、自己の拠点拡大に腐心する、まさにこの時代の支配層が当然のこととしてもっていた、拡張主義の思想にたっぷりと漬かった神のひとりである。これはもちろんアマテラスの思想ではなく、伝説の作者の思想であるが、アマテラスをそのような神として描くことの中に、当時の人々がもっていたアマテラス像の一つが反映されている。そしてそれはあきらかに、皇祖神ではない、地方神のひとりとしてのアマテラスである。

「二元構造」と氏グループ

ここから、ヤマト王権下のアマテラスをもう少し組織的にみるために、またこれは次章で取り上げる問題にとっても必要なので、神話の「二元構造」と、その氏《うじ》グループによる分担体制の問題に入ることにしたい。

本章のはじめに述べたように、五世紀に始まるヤマト王権時代は、タカミムスヒに象徴される北方系の外来文化が、アマテラスに象徴される弥生以来の土着文化の上にかぶさって「二元構造」をなしていた時代である。一般に外来文化が入ってくると、二つの異質な文化はさまざまな面で影響しあったり、複雑に混淆したりしながら新しい文化を創り出していく。この場合もそのような、両者が複雑に混淆しあう場面もむろんあるのであるが、しかしその一方で、この時代にのみ見られるきわめて特殊な現象が起きている。それは、外来と土着、二つの文化――この場合主として神話や神々――が、別々の氏グループによって、はっきりと分かれて担われるという現象である。

しかしそのことをいうためには、その前提となるヤマト王権時代の氏グループの構成について述べておかなければならない。氏グループの構成は、当然ながら歴史とともに変化し発展するいわば生きものであって二、三百年間まったく同じというわけではない。また研究者間で意見の分かれる事柄も多く簡単に述べることはむずかしい。が、ごく大雑把に、七世紀中頃あたりに照準をおいていえば、ほぼ以下のようなことがいえる。

日本古代の支配層の「氏」は、「臣《おみ》」「連《むらじ》」「君《きみ》」といった「カバネ(姓)」とよばれる称号をもっていた。ただしこれは支配層のなかでもさらに上級クラスの氏に限られるのであるが、その上級の氏は、したがって正式には「蘇我臣《そがのおみ》」「大伴連《おおとものむらじ》」「宗像君《むなかたのきみ》」のように呼ばれていた。この「臣」「連」「君」というカバネが、「氏」のグループ分けの一つの標識である。

そして、早目に言ってしまえば、このなかの「連」のグループが、外来のタカミムスヒを筆頭とするムスヒ系の神々やその神話を担い、「君」のグループ(の一部)が、アマテラスに象徴される土着の神々やその神話を担うという、いわば分担体制が、ヤマト王権時代にはできていた。ではその「臣」「連」「君」とは何か、この三グループの間にはどのような違いがあるのか、またこのようなグループ分けはどのようにしてできたのかについてみておくことにしよう。

「臣」「連」「君」とは

「臣」「連」「君」三グループ間の性格の違いを大きくとらえるには、やはりそれぞれのグループに属する「氏の名」を見るのがいちばんわかりやすい。表1によって見比べてみるとその違いがわかると思うが、「臣」「君」は——一部の例外はあるが——みな地名を氏の名にしているのにたいし(阿部・上毛野・三輪など「臣」「君」の名はみな古代の地名である)、「連」は職掌を名にしている。

本拠とする土地の名を自分の氏の名として負うことが、「名」にとりわけ敏感だった古代の人々にとって何を意味したかは想像に難くない。自分こそこの土地の主であるといった誇りと、その土地への強い愛着が、彼らにはあったに違いない。これにたいして「連」の方は、王権内での職掌名が、多くの場合そのまま氏の名になっている。大王家(天皇家)の存在が、彼らにとっては「氏」存立の基盤であることを、名前自体がはっきりと表明している。彼らにとって自己の存在意義と、自家にたいする誇りは、その名が示す職掌のなかにあった。

この他にも三者間の性格の差を示す事柄は、たとえば大王家との通婚の有無や、あるいは王位にかかわる反乱伝承の有無などにもみられ、これらは「臣」のグループには非常に多いが、「君」と「連」はきわめて少ないといったこともある。が、それはここでの主要なテーマではないので省略しよう。

そこで次に、このような三グループがどのようにしてできたのかという成立の過程や、また表1にあげた先祖伝承との関係に目を向けると、第一章でみたように、五世紀前葉にヤマト王権が発足するころ、日本はまだ豪族連合段階で、「倭王」は盟主的な存在にしか過ぎなかった。その盟主的勢力の一つであったのちの大王家が、北方系の天降り神話や統治方式を取り入れてヤマト王権を発足させると、豪族たちは、大王家との関係の取り方によっていくつかのグループに分かれていった。そのグループ分けが「臣」「君」「連」となって、のちのちまで残ったと考えられる。このグループ分けは、ある意味では江戸時代の親藩・譜代・外様といった色分けにも似た、基本的に大王家との政治的な距離の差による類別である。

「連」は、大王家の同伴者として、その配下に入った豪族であり、「臣」「君」は大王家に比肩する勢力としての自負をもつ半独立的な豪族で、そのなかの有力な氏は、大王家とともに政権を担った。そこで「連」(のなかの多くの氏)は、表1にみるように大王家が皇祖神=国家神として奉じるムスヒの神や、また同じ仲間のニギハヤヒなどハヤヒの神を、自分たちもみずからの先祖神とした。すなわち「連」は王権が掲げる国家神を、自分たちの神としたのである。

「臣」と「君」(の一部)については先祖伝承の成立時期に諸説あって、現在まだ定説が形成されていないが、とりあえず大王家と遜色のない家柄の出であるとして、古い伝説時代の天皇に

表1　臣・連・君と出自

カバネ	氏の名の例	氏の名の由来	出自(氏の始祖)
臣	阿部・粟田・紀・巨勢《こせ》・蘇我《そが》・平群《へぐり》	地名	伝説時代の天皇(神武〜開化)(実年代でいえば三世紀以前にあたる)
君	上毛野《かみつけの》・下毛野《しもつけの》・犬上	地名	伝説時代の天皇(崇神〜応神)(実年代でいえば四世紀頃にあたる)
	大三輪・賀茂・宗像		オオクニヌシ・大物主などの神(『姓氏録』の類別では「地祇」)
連	大伴・物部・中臣(もとト部)	職名	ムスヒ・ハヤヒなどの神(『姓氏録』の類別では「天神」)
	土師《はじ》・犬養《いぬかい》・津守《つもり》		アメノホヒ・ホノアカリ・アマツヒコネなど(『姓氏録』の類別では「天孫」)

出自を求めたといっておこう。そして「君」のなかのまた別の一部は、――これが前章で「守旧派の地方豪族」といった人々なのであるが――弥生以来の土着の伝統を守り受け継いで、スサノヲ・オオクニヌシなど土着の神々にアイデンティティを求めた。

「臣」「君」「連」の成立過程と、その出自との関係についてごく大まかにいえばこのようにいえる。なお臣・君・連といった称号(カバネ)がいつ成立したかは諸説あってはっきりしないが、早くても六世紀後半以降、あるいは七世紀以降ではないかと考えられている。しかしグループ分け自体はすでに五世紀段階からあったと私はみている。その場合、そのグループ分けは、おそらく先祖系譜で表現されていた。称号よりも先祖伝承の方が、氏にとってはより本質的なものだからである。ただし最初の時点ではその出自はまだ天皇やムスヒの神にはつながっておらず、第一章の稲荷山《いなりやま》銘文系譜でみたような、「オホヒコ(大彦)」といった伝説上の英雄が、グループにおける共通の先祖としてかかげられていたと思われる。

「伴造」と「国造」

ここで、後の話との関係もあるので中級クラスの氏についても簡単にふれておこう。『日本書紀』を見ると、詔勅の最初などに「臣・連・伴造・国造」というよびかけがあるのをしばしば目にする。これは要するに支配層の氏を総称していう用語であって、そのなかで最も代表的なものをとり出していっている。したがって上級のカバネである臣・連・君のうちの「君」は省略されているし、中級の豪族にしても、実際には伴造・国造だけではなく、それ以外にさまざまなカバネをもつ氏が多数ある。

その、中級クラスの代表の一つである「伴造」は、連の下位に位置する、王権直属の特定の職業に従事した官人で、連と同じく「鏡作造《かがみつくりのみやつこ》」・「馬飼造《うまかいのみやつこ》」・「日奉造《ひまつりのみやつこ》」というように、多くの場合、職業名を氏の名にしている。これにたいして「国造」は、臣・君に近い性格の氏で、「大和国造」・「紀伊国造」・「武蔵国造」というように地名を名にしている。もともとその地を支配していた豪族が、地方官に任命されたもので、時代によって差はあるが、半独立的な性格をもっている。

もう一度繰り返しておくと、上級の氏のなかには、一方に、土地に根を張った、大王家との関係でいえば半独立的な「臣」「君」のような氏グループがあり、また一方には大王家直属の、大王家と一体的な「連」と称される氏グループがあった。大王家が新たに取り入れた外来の北方系の神話や神々は、後者の「連」系の氏グループによってもっぱら担われ、土着の、弥生以来の神話や神々は、「君」系(のなかの一部)の氏グループによって担われるという現象が、ヤマト王権下では起きていたということである。

なお、同じ「君」、あるいは「連」のグループのなかに、先祖伝承の種類を異にする氏がなぜあるのかという問題や、平安初期に編纂された氏族書『新撰姓氏録《しんせんしょうじろく》』によると、土着の神話や神々を担う人々が思ったより少数であることなど、疑問点は種々あるが、それらの問題については別の機会に譲りたい。

ともかくヤマト王権時代の支配層は、このようにしてこの時代の神話や神々の二元構造、すなわち世界観や思想・文化の二元構造を、氏グループに分かれた形でわけもっていた。

豪族間の列島規模のネットワーク

神話の「二元構造」が、氏グループ別に分担される分担体制についてみてきたが、このような分担体制は、中・下級クラスの氏にも及んでいた点にふれておかなければならない。中・下級クラスの氏も、「連」の下にある「伴造」系の氏の多くはムスヒやハヤヒの神を奉じる「君」系の氏の下部にある氏は土着の神を、それぞれ先祖にするという状況が、ヤマト王権時代には生まれていた。

たとえばここに、土着の神オオクニヌシを先祖とする、大和の三輪山の「三輪」を名にもつ「大三輪君《おおみわのきみ》」という上級クラスに属する氏がある。この氏は、他の多くの上級クラスの氏と同じように、自家の勢力を伸ばすために、各地に私有の部《べ》(土地と人民)を設置しようとする。その時、その設置した部の管理者である、中・下級クラスのその土地の豪族との間に、擬制の同族関係を結ぶという風習が、日本の古代では通例として行われていた。同族になるということは、先祖を同じくするということであるから、その大三輪君氏の部の管理者になった中・下級の地方豪族は、大三輪君氏の先祖系譜の写しをもらって、その末端のどこかに自家の系譜をつなぐといった操作をして、大三輪君氏の擬制同族になるのである。

そのようにして大三輪君氏の擬制同族になった、但馬《たじま》国朝来《あさご》郡（現在兵庫県朝来市）の神部直《みわべのあたい》という地方豪族が残した系譜が、現に『粟鹿大神元記《あわかのおおかみのもとつふみ》』という古文献のなかに存在している。その神部直氏の系譜は、まさしく大三輪君氏と同じ、イザナキ・イザナミ系の神話を冒頭に置いた系譜であり、しかもそこには、従来『古事記』でのみ知られていた、スサノヲ〜オオクニヌシ間の五代の古い神々の名がきちんと書き込まれているのである。ところがそれは、書体や仮名の特徴からみて『古事記』よりあきらかに古い時期に書かれたものなのである。たとえばこの系譜には、『古事記』とは違って神名の語尾に「神」の語が一切つけられていない。「弥」の字が「メ」と「ミ」の仮名として両用されているなどの特徴がある（詳細は拙著『日本古代氏族系譜の成立』参照）。すなわち『古事記』成立以前の古い時代に、このようなスサノヲ〜オオクニヌシ間の系譜まで克明に写したイザナキ・イザナミ系の神話が、この神話を共有している大三輪氏の擬制同族の間に流布していたことを、この古文書は示している。

豪族層の間には、このような形で先祖伝承を共有する、擬制同族というネットワークがあった。アマテラスの神話は、一つにはそのようなルートをとおして豪族層の間に広がっていた。また有力氏は、擬制同族の他にも、実際に枝分かれした傍系の氏を多数抱えていることが多い。このようにして、ひとりの有力氏の周辺には、同じオオクニヌシであればオオクニヌシを先祖として共有する、きわめて多数の氏が存在していたのである。

以上、話が多岐にわたったが、本章が目的としたことの一つは、「皇祖神ではないアマテラス」を実感することである。それがないと、タカミムスヒはいつまで経ってもその存在が宙に浮いたままである。そこで「皇祖神ではないアマテラス」は、どのような形で、どのような神としてヤマト王権下の社会で、人々の間にあったのか。史料はきわめて乏しいが、二、三の伝承から探ってみた。

アマテラスは何といっても土着文化の中核を担う太陽神であるから、基層社会のなかにしっかり根付いていたであろうと想像されるが、それはほとんど記録の上には表れていない。しかし豪族層に目を向けると、豪族間には擬制同族関係など、さまざまなネットワークをとおして、アマテラスやスサノヲ、オオクニヌシなどの神話が、列島規模で共有されていたことが確認できる。むろんこのような形以外にも、これらの神々の神話は口伝えで広く語られていたに違いないが、組織的に文書の形で、こういった神話が豪族間で共有されていたことも確認できるということである。

第五章　国家神アマテラスの誕生——一元化される神話

七世紀末、律令国家の成立に向けて、強力に改革を推し進める天武天皇は、一方で歴史書の編纂を命じて、新しい中央集権国家を支えるイデオロギーとしての、神話の一元化をはかった。そのとき、皇祖神＝国家神として選び取られたのは、それまでずっと皇祖神の地位にあったタカミムスヒではなく、土着の太陽神であるアマテラスだった。

もっともタカミムスヒは、いきなり皇祖神の座から追い落とされたのではなく、しばらくの間は、新たに皇祖神に昇格したアマテラスと並んで、ともに皇祖神の地位を占め、実際にはこの転換は、時間をかけてかなり曖昧な形で推移した。しかしいずれにしても、この時、皇祖神の転換は行われたのであり、この時期以後、日本国の皇祖神＝国家神はアマテラスになった。

国家神の転換という事態はなぜ起きたのか。またそれはなぜ可能だったのか。本章ではタカミムスヒからアマテラスへという国家神の転換が、古代の日本ではなぜ、またどのような状況下で起きたのかについて、さまざまな面から探ることにしたい。

タカミムスヒからアマテラスへ

タカミムスヒが古くは皇祖神であり、天の至高神でもあったことは、『日本書紀』の天孫降臨神話一つを取り上げてもあきらかで、その他にも第二章でみたように、そのことを示す多くの証拠があって動かせない事実である。一方アマテラスが七世紀末頃まで地方神であったことも、これについてはすでに直木説以来多くの賛同者があり、前章でみたように、それを裏付けるいくつかの伝承もある。したがってタカミムスヒからアマテラスへという皇祖神＝国家神の転換劇が、七世紀末の宮廷で起きたことは、もはや疑えない事実であるといってよい。

しかし、ではなぜ王家の先祖神を入れ替えるというようなことが、古い昔ならともかく、七世紀末という文化の発達した時代に起きたのか、あるいは起こりえたのかという疑問が湧いてくる。おそらく、一つにはそういった漠然とした疑問があって、感覚的に史実として受けとめにくいためだろう、これまでこの問題はほとんど取り上げられることなく、曖昧なままに置かれてきた。一つにはといったのは、もう一つ、このことが問題とされてこなかったさらに大きい理由として、タカミムスヒという神の存在自体、専門の研究者以外にはほとんど知られていないということがあるからである。知られている場合でも、『古事記』のいちばん最初に出てくる古い神といった程度の理解であることが多く、この神こそ、ヤマト王権時代の皇祖神＝国家神であったという明確な理解がもたれていることはほとんどない。このことが、問題として取り上げられてこなかった最大の理由である。

そこで後者の、タカミムスヒにたいする無理解や誤解にたいしては、それを解くべく、不十分ながら第一、二章で私見を述べてきた。本章ではその上に立って、国家神の入れ替えはなぜ起きたか、またなぜ起こりえたのかといった疑問の解明を試みる。

壬申の乱における神助説

皇祖神の転換という観点からではなく、地方神であったアマテラスが、皇祖神に昇格したのはなぜかといった観点に立つものであるが、これまでに提出されている理由として、壬申《じんしん》の乱における神助説がある。つまり壬申の乱に勝利する上で功績があったから、天武はアマテラスを皇祖神に昇格させたというのである。壬申の乱とは、六七二年(天武元)、天智天皇の死の直後に起きた、後の天皇天武と、天智の子である大友《おおとも》皇子との間の皇位継承をめぐる争いである。多くの豪族を巻き込んで内乱の様相を呈した、日本古代最大の争乱といわれている。

たしかにこの乱に勝利したことで天武は権力を手中にしたのであるから、これは大きな出来事には違いない。しかしそうではあっても、やはりこの神助説は、事柄の軽重からいって私には納得しがたいものがある。戦勝にたいする報恩のためだけなら、神託を下して戦勝に大きく貢献した事代主《ことしろぬし》などの三神にたいして、乱後に神階(朝廷が神に奉る位階)を上げてその功に報いたように他にも方法はある。それに壬申の乱における功績自体、どのようなものであったのか、アマテラスの場合はあまりはっきりしていない。

『日本書紀』はこの乱の経緯を多くの紙幅を割いて詳細に記述しているが、そのなかでアマテラスに関しては、天武が雌伏していた吉野を出て挙兵すべく美濃に向かう途中、伊勢国朝明《あさけの》郡《こおり》の迹太《とお》川の辺りでアマテラスを「望拝した」とただ一行書いているだけである。神助についてはまったく記していない。『古事記』も序文で、序文としては不釣合いなほどこの乱について詳しく述べている。しかしそのなかにもアマテラスの神助にふれた記述はまったくない。

アマテラスの神助について唯一語っているものに、『万葉集』の柿本人麻呂の歌(巻二、一九九、高市皇子の挽歌)があり、人麻呂はこの長歌のなかで、戦いの最中に渡会《わたらい》の宮(伊勢神宮)から神風が吹いてきて天雲《あまぐも》で太陽を覆い隠し、あたりは真っ暗になったとうたっている。しかし人麻呂のこの長歌の内容には、他にも壬申の乱の事実に必ずしも忠実とはいえない箇所があり、『日本書紀』やその他の文献にも神風についての記録などまったくないところからみると、これは詩人の奔放な想像力が創りだした幻想である感が強い。

天武天皇とアマテラスの皇祖神化

皇祖神の問題は、この時代にはまだ政治的にきわめて重要な問題だった。前章までに述べてきたように、『日本書紀』は天孫降臨神話や神武天皇紀の冒頭で、天皇に国を授けた神として、皇祖神のことを特筆大書しているし、八世紀の即位宣命《そくいのせんみょう》(口語体の詔勅)や祝詞《のりと》なども、必ず冒頭で、国の統治を天皇に委任した主権者として皇祖神にふれている。皇祖神は、この時代には天皇家だけでなく支配層全体、ひいては国家全体の精神的支柱にかかわる問題だった。

七世紀末にアマテラスの皇祖神化を決断し実行したのは、おおかたの意見と同じく、天武天皇(在位六七二〜六八六)であろうと私も考えている。その天武は、天智天皇(在位六六二〜六七一)の時代から改革の一端を担い、壬申の乱後即位すると、改革の達成をみずからに課せられた使命として、新しい統一国家の建設に全力をあげた性来の政治家である。

したがって、この当時天武にとって何が最大の政治課題であったかという、当時の時代状況、政治状況との関連のなかで、基本的にこの問題は解くべきではないかと考える。

そこでその観点に立って、王家の先祖神を取り替えるというようなことが、なぜ可能だったのかという、それを可能にした時代背景について、最初にみることにする。

皇祖神の転換はなぜ可能だったか

大化の改新にはじまる七世紀の後半は、周知のように国家体制の一大転換期であり、日本の歴史のなかでも指折りの激動の時代であった。長い間磐石《ばんじゃく》とされてきたものが、あっというまに新しいものに取って代る変革の時代であったことが、まず一つ大きな時代背景としてある。

次に重要な点は、この時代が中国の文字文化をはじめて本格的に受け入れはじめた時代だという点である。このころから日本は文字の時代に入り、文字文化の本格的な摂取がはじまっている。この時成立した国家自体「律令国家」と呼び習わされているように、中国の法や制度の取り入れによってこの時の改革は行われ、政治面に限らず仏教や道教、あるいは歴史や文学など、あらゆる面で中国文化が貪欲に摂取され、唐風化がいっきに進行した時代だった。

さらに第一章でふれたが、日本は六六三年、百済の白村江《はくそんこう》で、唐と新羅の連合軍と戦って惨敗した。唐の侵攻を恐れた天智天皇は、都を内陸部の現在の滋賀県の大津に遷すほど警戒心を高め、強い危機感をもった。支配層の間にあるこのような危機感・緊張感が、この改革をいっそう加速させた。つまりこの時代は、支配層の人々の主要な関心が、それら国際問題や外来文化の摂取に向けられ、皇祖神の問題はむろん重要ではあるが、しかしその比重が、相対的に軽くなった時代であるということが、もう一つ大きな時代背景としてあった。

あるいはまた政治制度の観点からいえば、律令制度という中国の制度に倣った政治の新しい枠組みがすでにできようとしているなかでの、これは伝統文化の再編成の問題であるという、政治的にはいわば副次的な問題になっているということもある。それに「転換」という言葉を私は使っているが、それは歴史的にみるとそう言えるということであって、実際にはこの時、いっきにタカミムスヒを捨てて、アマテラスを取るというやり方がされたわけではなかった。タカミムスヒは相変らず宮中で手厚く祭られ、『古事記』や『日本書紀』は、それぞれやり方は異なるが、二神をともに皇祖神として掲げている。主神の交替は、ゆっくりと時間をかけて行われたのである。以上のようなさまざまな条件が重なって、この交替劇はさしたる抵抗なく行われえたと考えられる。

統一国家への課題——神話の一元化と姓制度の改革

次はこの皇祖神の転換問題を考えるにあたって、当時天武天皇の前にはどのような政治課題が置かれていたのか、その主要な二つに触れておきたい。

その一つは、「神話と歴史の一元化」である。神話とは、現代でいえば思想や文化のことだと繰り返し述べてきた。新しい統一国家の建設には、それを支える思想的基盤としての、一元化され一本化された新しい世界観や政治思想、すなわち新しい神話と歴史がぜひとも必要である。天武天皇がそのことを十分に自覚していたことは、律令の編纂開始とほとんど同時に、歴史書の編纂にもとりかかっていることがよく示している。また、天武自身が直接編纂にあたった『古事記』という歴史書の存在自体、その熱意の強さを示している。すなわち『古事記』こそは、後で述べるように、まさしく一元化された新しい神話と歴史の書であった。

もう一つ、天武の前には、支配層の「氏《うじ》」全体にかかわる重要な課題があった。それは新しい支配機構を作り上げていく上での、「氏族対策」としての「カバネ(姓)制度の改革」である。

前章で、支配層のなかの上級の氏が臣《おみ》・連《むらじ》・君《きみ》というカバネの別によってグループ分けされていることをみたが、統一国家の支配機構にふさわしい一体的な官僚組織を作るには、その土台として、官人の出身母体である「氏」の古い横並びの体制を解体して、きっちりとしたタテの序列をもつ組織に作り変える必要がある。

律令国家を建設する上で抱えていた問題は、むろんこれだけではないが、この二つが、この時期の天武天皇にとって最大の課題だったことは間違いない。そして皇祖神の転換は、私見ではこの二つの課題と密接につながっている。しかしこの二つの課題についてはあとで改めて詳しく取り上げることとし、以下しばらく皇祖神の転換をうながしたと考えられる、いくつかの背景をあげてみることにしたい。

皇祖神の転換はなぜ起きたか

まず一つ、大きな背景としてあげられるものに、タカミムスヒは、ヤマト王権時代における王家の先祖神・国家神ではあったが、しかし広範な一般の人々にはほとんど親しまれていない、馴染みのない神だったということがある。それは、たとえばムスヒの神についての神話や伝説が、物部氏にはいくつかみられるが、それ以外ではほとんど作られていないことによってもわかる。すなわちムスヒの神についてのイメージをふくらませて、それを物語化するといったことがなされていないのである。支配層にとってもこの神は、彼ら全体が親しみ崇拝した神というわけではなかった。タカミムスヒをはじめとするムスヒの神は、前章で述べたように、「臣・連・伴造・国造」体制のなかの、天皇に直属する勢力である連や伴造の氏が、もっぱら信奉した神であった。その点で、支配層全体からみてもこの神は、いわば党派的・派閥的な色彩の強い神であり、特定の氏グループの神であった。

これにたいしてアマテラスは、前章でみたように、主として君系のなかの有力氏や、一部の地方豪族がとくに信奉した神ではあるが、しかし同時に土着の太陽神として古くから神話をとおして列島全体の広範な人々に知られ、支配層の人々にも党派の別なく親しまれていた神だった。

そこで天武は、連や伴造といった特定の氏グループの神とみられがちなタカミムスヒをそのまま国家神として掲げることによって、新しい統一国家が、それら伴造中心の官僚国家になるような印象を与えるのは得策ではないと考えたのではないかということが転換の背景、あるいは理由として一つ浮かんでくる。派閥の匂いの強いムスヒの神ではなく、すべての人々に古くから馴染みの深いアマテラスを神々の中心に据えることによって人心の一新をはかり、新しい国作りに挙国一致で向かう万全の態勢を整えようとしたのではないか。

斎宮制度の創設

もう一つ、天武が皇位に就く以前から、アマテラスを重視する意識がその念頭にあったと思われることについても触れておかなければならない。

さきに述べたように壬申の乱の際、天武はいまの四日市の辺りから伊勢のアマテラスを遥拝したということであるが、その翌年、即位した天武は、早くも大伯皇女《おおくのひめみこ》(天武の皇女、母は持統《じとう》天皇の姉)を伊勢にさし向けている。そして彼女は天武の没後、弟の大津《おおつ》皇子が謀反の罪に問われて自害したために任を解かれるまで、十三年間伊勢神宮に奉仕した。これは、あきらかに実質的な斎宮《さいぐう》制度の開始である。

斎宮の制度は、通説では五世紀後半の雄略朝に始まったとされているのであるが、『記・紀』の記録を信頼したとしても、斎王の派遣は、『古事記』では継体天皇(在位五〇七~五三一)の時期が最後であり、『日本書紀』では用明天皇(在位五八五~五八七)の時期が最後であって、天武朝までの約百年間、派遣はまったく行われていない。また制度らしいものがあった形跡もみあたらない。したがってこの制度は、事実上、天武による創出とみなければならないと私は考えている。

このような点を勘案すると、アマテラスを特別に重視する何かが、早い時点から天武の胸中に芽生えていたことを認めなければならないだろう。ただしかし、それがどのような意味での重視なのかは現在のところ不明である。あるいは壬申の乱ではじめて地方豪族に身近に接触したことが、天武に土着文化の厚みに気付かせるきっかけを作ったのだろうか。この問題に関していまのところ私は手掛かりをもっていないが、ともかくかなり早い時点から、天武がアマテラス重視に傾いていたことは確かで、これも要因の一つとしてあげておくべきだろう。

古い上着と新しい上着

次にこれらの要因とはまたまったく別の、いわば国際的な面からみた転換の背景を述べておきたい。それはこの転換劇には、古い上着を脱いで新しい上着を着るように、新しい外来文化(中国の文字文化)を取り入れるために、古い外来文化(北方ユーラシアの支配者文化)を脱ぎ捨てるといった側面があるのではないかという点である。新たな外来文化を受け入れようとするとき、古い外来文化はもはや不要と感じられる。

もちろんかつて取り入れた文化は、そのある部分は以前からあった土着の文化と分かち難いほど混淆し、またある部分は王権の支配思想の骨格を形成するなど、日本の文化になりきっているものもある。が、その一方で、異質性を際立たせながらそのまま推移している部分もある。タカミムスヒの「ムスヒ」という天の至高神の概念などは、あるいはそうしたものに当たるのではないか。だとすれば、これは新しく取り入れることになった中国の「天」に席を譲り、新しい外来思想である中国の「天」と、固有の太陽神であるアマテラスとの二本立てに、徐々に日本の天にかかわる思想が整理されていく、そうした動きの一環としても捉えることができよう。

さらにまた別の見方として、新しく取り入れることになった圧倒的に優勢な中国文明の衝撃が大きければ大きいほど、その一方で、しっかりと底辺にまで根付いた民族固有の伝統をもちだして、これに対抗しようとする一種のバランス感覚が働くという側面もそこにはあるのではないか。そういったことも考えられる。

なおもう一つ、タカミムスヒが朝鮮半島系の外来神であることが、支配層の一部の人々にもし認識されていたとしたら、その可能性は大いにあると私は考えるが、この時期最も密接な交流があった隣国統一新羅への対抗意識という側面も浮かんでくる。つまり、ライバルであると同時に、前章でふれたように、日本があくまで「蕃国」として、そして「朝貢国」として遇しようとしている新羅にたいして、日本の独自性を主張するために、新羅と共通する国家神ではない、古い伝統に根ざした日本固有の神を、国家神として掲げようとしたのではないかということである。

以上、皇祖神の転換問題について、いくつか考えられるその背景、あるいは要因を列挙してきた。

一般に政治的な出来事は、一つの要因からではなく、いくつもの要因が複合して起きることが少なくない。この皇祖神の転換もたった一つの理由からではなく、右にあげたようないくつもの要因が重なり、さらにそれに、ひきがねとなる何らかの直接的な理由が加わって起きたとみるのが事実に近いのではあるまいか。

このタカミムスヒからアマテラスへの国家神の移行・転換は、結果的にみると伝統の再編成であって、国家は権力の思想的基盤を、この時外来神から弥生以来の古い伝統をもつ土着神に据え直したことになった。これは巨視的にみると、歴史的にきわめて大きな意義をもつ出来事である。しかしそのことに携《たずさ》わった当の為政者(天武)にとっては、伝統の再編成や権力の基盤を据え直すといった意識ではなく、大化改新にはじまる目前の大改革を失敗に終わらせないため、万全を期して改革を成功に導くためにとった方策としての面が、大きかったのではないかと私は考える。

それがいわばひきがねであって、具体的には先述の二つの課題、すなわち「神話の一元化」と「氏族対策」が、皇祖神転換の直接的な要因ではないかと私は考えている。そこでその問題に入るための前置きとして、まず七世紀後半の政治改革について、大きな展望でごく大まかに、その骨組みをみておくことにしたい。

変革の半世紀——天智の時代

六四五年(大化元)の大化改新にはじまり、七〇一年(大宝元)の大宝律令の制定にいたる七世紀後半の半世紀は、第一章で取り上げた五世紀前半に次いで、日本の歴史が大きく動いた時代である。この半世紀に起きた変革は、改めていうまでもないが、氏族制国家から官僚制的中央集権国家(律令国家)へという、国家体制の変革である。やや粗い言い方をすれば、それまで豪族(氏族)が一般人民を支配し、その豪族たちを大王が支配する間接的支配であったのを、大王が直接全国津々浦々の人民を支配する、いわゆる「一君万民」の一元的支配に切りかえたわけである。

この変革は、大まかにいえば二段階に分かれている。そしてその二段階は、天智・天武という二人の天皇が行った改革にほぼ対応している。すなわち天智が行ったのは土台作りであって、いわば外堀を埋める仕事であり、天武は本丸に攻め入って目に見える形で改革を具体化し、最後の詰めを行った。この二人の兄弟が行った政治家としての仕事ぶりは、その時々に打った手の的確さや果断さ、それをやり遂げる実行力、スピード感など、実に見事である。とくに天智の仕事は、果敢にクーデターを実行して、氏族制の元凶である蘇我氏を打倒し改革の突破口を開く、というところからはじまり、最後は九州から関東にいたる全国的規模の、日本最初の戸籍(庚午年籍《こうごねんじゃく》)の作成を実現して終わるというものである。まったくの処女地に鍬を入れるところからはじめながら、後々にまで残るしっかりした土台を作るところまでもっていった、そのスケールの大きさは、よいブレーンに恵まれたということがあるのだろうが、際立っている。

たとえば蘇我氏打倒のクーデター後、二カ月経たないうちに新政権は、東国など地方の国々に、ミコトモチ(使者)を派遣した。熊谷公男氏がいうように、これは国造支配下の国を解体して、新しい行政組織を置くための実質的な調査であった(『大王から天皇へ』)。まさにもっとも基礎的な土台作りにただちに着手している。そしてそれは、「評《こおり》」(=郡)や「五十戸《さと》」(=里)の設置として、天智の治政下で実現しているのである。

また改新の翌年(大化二)に出された「改新之詔《かいしんのみことのり》」をはじめとするいくつかの詔勅は、豪族たちに新政権の考え方を明確に提示して、これから行おうとしている改革の方向を具体的に語り、将来への展望をあきらかにしている(改新詔については否定論もあって論争があるが、私は原詔があったとみる立場である)。

氏族対策も「甲子《かっし》の宣《せん》」(「氏」の実態の把握にはじめて手をつけ、三段階の序列化を行う)など、最初に手をつけることのできる範囲の手は打たれている。しかしその本格的な実行は、次の天武の時代に引き継がれる。

氏族制度の終焉へ――天武の改革

これにたいして天武の時代は、このようにして作られた土台の上に立って、前政権が掲げた目標を着実に実行に移し、それを完成にまでもっていくことが課題であった。そしてそれは、困難だからこそ果たされないで残っている課題であり、またそれが実現することによって、はじめて新しい国家が、人々の眼前に現実のものとしてその姿を現すことになる仕事であった。

壬申の乱の翌年(天武二)五月、天武ははやくも官僚制度の整備にかかわる最初の詔勅を発布して、新しい国家体制の建設に乗りだしている。そして天武四年(六七五)二月には、天智の時代に目標として真っ先に掲げられながら、それまで完全には実行されなかった、豪族の「部曲《かきべ》廃止」(部曲は部と同じで、土地・人民のこと)を宣言した。ただし氏への隷属度のつよい「家部《やかべ》」の再編は持統四年の庚寅年籍《こういんねんじゃく》までもちこされたということである。

ヤマト王権時代を通じて、約二百年間、当然のこととして豪族の支配下にあった、いわゆる私地私民が、ここにはじめて全廃されて公地公民となったわけである。そして豪族たちは、新たに創出される中央集権的な支配機構の一員となって、国から支給される俸給(食封《じきふ》)によって生活することになる。すなわち氏族制度はここに終焉を迎えた。

しかし終焉を迎えたとはいっても、この宣言一つですべてが終わったわけではない。改革は、ここからいよいよ最終段階に入った。いわば終わりの始まりであり、詰めの時代である。

天智と天武によって行われた半世紀間の改革について急ぎ足でみてきたが、最後に残された課題として、晩年の天武の前に大きく置かれていたものに、思想面の改革であり、かつ国の形を決めるもととなる歴史書の編纂と、支配層の基盤である「氏」の組織の変革、すなわち氏族政策としてのカバネ(姓)制度の改革があった。この二つは、私見ではともにアマテラスの皇祖神化と密接にかかわっている。

歴史書の編纂

国家の思想的基盤としての新しい歴史書の必要性を強く感じていた天武は、その十年(六八一)三月、大極殿《だいごくでん》に出御《しゅつぎょ》して、川島皇子ら皇族・貴族十二人に詔《みことのり》を下し、「帝紀《ていき》および上古《じょうこ》の諸事を記定させた」(『日本書紀』天武紀十年三月条)。これを歴史書編纂の開始とみる点で、現在諸説はほとんど一致している。そしてそれが三十九年後の七二〇年に、『日本書紀』として完成したとみる点でも、細かい点で異論はあるが、おおかたの意見は一致している。

しかしこの編纂事業と『古事記』との関係や、『古事記』の成立時期等については、まだ諸説紛々である。いま『古事記』の成立をめぐって展開されている論争に足を踏み入れる余裕はないが、私見をごく簡単にいえば、国家的事業としての歴史書の編纂が天武十年に開始されたあとで、天武はそこに多くの問題点や困難があることを、はじめて具体的に知ったのではないかと推測している。「帝紀《ていき》・旧辞《きゅうじ》(=上古の諸事)」は、系譜や神話・伝説の類で、『記・紀』の原資料になったものである。これらについて、天武は部分的にはその内容を知っていたであろうが、編纂開始とともに集められた大量の「帝紀・旧辞」をとおして、彼ははじめてその全貌や、歴史書編纂が容易な事業ではないことをつぶさに知ったのではあるまいか。

そこで天武は、とりあえず独自にプランを立てて、新しい国家の基礎となる、神話と歴史のあるべき姿をみずから提示しようと考えた。そこで、記憶力抜群で、古い記録の多種多様な表記や訓《よ》みを一度見たらけっして忘れない、優秀な官人（舎人《とねり》）である稗田阿礼《ひえだのあれ》を選んで「帝紀・旧辞」の勉強をさせた。そして阿礼を相手に、周囲に補助する人は多数いたであろうが、天武はみずから歴史書の骨格を組み立てたのではないか。

『古事記』の編纂と天武天皇

要するにここで述べておきたいのは、『古事記』は、天武が直接その編纂にタッチした書だということである。さらにいえば、彼にとってこの仕事は、彼がみずからに課せられた使命として心血をそそいできた改革事業の、最終段階に位置する詰めの仕事の一つでもあった。

『古事記』を天武自身が直接編纂にかかわった書とみる見方は、現在多数意見といってもよいだろう。西宮一民氏の表現を借りれば、これは天武によって定められた欽定《きんてい》本の「帝紀・旧辞」であり、「天武天皇御識見《ごしきけん》本」である。その根拠はいくつかあるが、後述のような、まさに権力を一手に握っている帝王にしかできない大胆な編集のやり方も、その理由の一つである。

しかし天武天皇は、この仕事が書物として完成しないうちに没し、その後三十年の歳月が経過する。和銅四年(七一一)九月十八日、時の天皇元明《げんめい》は、太安万呂《おおのやすまろ》に「稗田阿礼がよんだ、天武天皇の勅語の旧辞を、撰録して献上するように」と勅命を下した。翌年(七一二)の正月二十八日、勅命を受けてから僅か四カ月余りで、安万呂が見事に文章化して献上したのが『古事記』三巻である。安万呂がこの間に行ったのが、叙述内容の推敲ではなく、もっぱら表記や文章化の仕事であったことは、序文に書かれた彼の苦心談が、すべて文章化にかかわることにのみ費やされているのをみてもあきらかである。

一方『日本書紀』は、天武の死後三十四年経って、貴族・官人の合議のもと、共同作業として国家の手で編纂された歴史書である。したがってこの書は、同じ「帝紀・旧辞」を原資料としている点では『古事記』と共通であるが、しかし天武の意図からは完全に離れたところで、『古事記』とは、またまったく別の意図・目的をもって編纂されている。

『古事記』の編纂意図

『古事記』は一見、やさしく楽しい歴史書である。しかしよく注意して読んでみると、『日本書紀』と比べてきわめて大胆な、過激ともいえる編集の仕方が、種々の点でなされていることがわかってくる。その一つが、繰り返し述べてきた「神話の一元化」である。ムスヒ系とイザナキ・イザナミ系という、まったく系統の異なる神話を『古事記』ははじめて混ぜ合わせて一本化した。

開闢《かいびゃく》神話部分で『古事記』は、ムスヒ系の開闢の神であるアメノミナカヌシ・タカミムスヒ・カミムスヒの三神と、これとはまったく異質な神話世界の神であるイザナキ・イザナミ系のウマシアシカビヒコジやクニノトコタチといった始原神とを、一つの神話世界の神々であるかのように、巧妙に一体化して描いている。

このような神話は『古事記』以前にはなかったし、また以後にもなかった。『日本書紀』はこのようなやり方はとらず、開闢神話部分はイザナキ・イザナミ系のみで一貫させている。平安時代に入ってからの歴史書である『古語拾遺』や『旧事本紀』も、『古事記』が作り出したこの方式は取り入れていない。『旧事本紀』が載せている「神代本紀」は、『古事記』とはまたまったく異なる独自の方式で、ムスヒ系とイザナキ・イザナミ系を統合している。つまり『古事記』が行った二系統統合の最初の試みは、当時の貴族たちの感覚からかけ離れていたためか、古代には定着しなかった。平安以降も、先述のように『古事記』はあまり世間に流通していなかったので、『古事記』の神話が人々の間に広く浸透し始めるのは本居宣長以後のことである。

天孫降臨神話についていえば、『古事記』は、第二章でもふれたが、タカミムスヒとアマテラスという、まったく別種の神話世界に属していた神を、ともに降臨神話の主神として二神の名を並べて書くという、思い切ったやり方をとった。天孫降臨神話はタカミムスヒの神話であるが、そこに『古事記』はいきなりアマテラスを持ち込んだのである。『日本書紀』は『古事記』とは違って、開闢神話はイザナキ・イザナミ系だけで一貫させ、天孫降臨神話(本文)では逆に、タカミムスヒを主神として一貫させている。原資料に忠実な方法をとったわけである。

ただし一方で『日本書紀』は、本文とは別に、アマテラスを主神とする降臨神話を異伝(第一の一書)として載せている。この異伝に、有名な「天壌無窮《てんじょうむきゅう》の神勅《しんちょく》」や、「三種の神器」の話が載っている。明治以降流布したのはこの神話である。『日本書紀』は異伝を併記するという方法によって、ムスヒ系とイザナキ・イザナミ系という二系統の異質な神話や、またイザナキ・イザナミ系のなかの多く異伝についても、混合することなく原資料に近い形で収載している。したがってこれらの異伝と『古事記』とをつぶさに比較検討することによって、『古事記』の異伝統合の方法が、箇所によっては手にとるようにみえてくるのである。

ともかく『古事記』はこのようにして、大胆な思い切った方法で神話を一元化し、統一国家にふさわしい一元的な世界観を創出した。そしてその頂点に、イザナキ・イザナミ系の太陽神アマテラスを天武ははじめて置いた。これは歴史書を作る上で、最終的に曖昧にすることのできない選択であり、皇祖神転換を天武が決意した理由の一つである。

天武の氏族政策

残された二つの課題のうちの氏族政策の問題にここから入るが、最初にまず、『古事記』における氏族の扱いを見ることから始めたい。これは『古事記』編纂上の問題であると同時に、天武の氏族政策の一環でもある。

『古事記』の大胆な編纂の仕方として、いま「神話の一元化」について述べたが、もう一つ、私にはきわめて大胆なやり方とみえるものがある。それは、『古事記』に記された「氏」の先祖についての記載が、臣・君・国造に大きく片寄り、連や伴造は極端に少ないという点である。次の表2の1の欄に示したのが、その『古事記』における、先祖について記載のある氏の数である(2・3の欄は参考までにあげた)。

最初に、2の欄の「天武十三年に朝臣・宿禰を賜与された氏」からみていただきたいが、この天武十三年のカバネ(姓)制度の改革の際、上級のカバネである「朝臣《あそん》・宿禰《すくね》」を賜与された氏は、総計一〇二氏あった。これは、当時いわば有力氏として公的に認定された氏である。その内訳は表のとおりで、臣対君対連の割合は、40：11：51となっている。臣と連だけを取り出してみると、40：51で、連がやや多いが、しかし両者は数の上で、有力氏をほぼ二分する勢力である。これは天武紀の記事であるから、史実としてきわめて確実性の高い情報である。

表2　古事記に先祖についての記載のある氏の数

	1	2	3
	『古事記』に先祖についての記載のある氏	天武十三年に朝臣・宿禰を賜与された氏	『新撰姓氏録』に収載されている氏
臣	五九	四〇	一九五
君	五四	一一	六五
国造	二八	／	／
連	二〇	五一	三二〇
伴造	八	／	／
その他	八四	／	六〇二
総数	二五三	一〇二	一一八二

（『新撰姓氏録』は朝臣・宿禰で記されているので、旧姓の臣・連・君へ戻す操作をしている。氏数は概数である）

参考までに、時代は下るが、3の欄の「『新撰姓氏録』に収載されている氏」の数をみると、臣対君対連は、195：65：320となっている。天武紀よりさらに連の割合が多く、連がきわめて大きな勢力であることがわかるだろう。いずれにしても臣・連が、ほぼ有力氏を二分する主要な勢力である点は変らない。

このような、現実に存在した氏の数をふまえた上で、当面の問題である1の欄を見ると、『古事記』に先祖についての記載のある氏」の、臣・君・国造系の圧倒的な多さに驚かされる。当時、現実に存在した有力氏の割合は、2の欄でみたように、臣対連は、40：51であり、臣・君の合計と連との割合は51：51で、両者は同数である。つまり臣・君と連は、拮抗する勢力であった。ところが『古事記』の先祖記載における臣と連の割合は、59：20で、連は臣のわずか三分の一であり、臣・君の合計と連の割合は、なんと113：20と、連は臣・君の五分の一にも満たない。これをみると、『古事記』がいかに臣・君系に、重点を置いているかがわかる。

なお、『日本書紀』との比較は、種々条件の異なる点があって単純ではないので省略したが、『日本書紀』は、『古事記』とはまったく違っている。いま、天武十三年に朝臣・宿禰を賜与された臣・連についてだけ取り上げ、そのなかで『記・紀』に先祖についての記載がある氏の数をみてみると次のようになっている。すなわち『古事記』は七対三の割合で、圧倒的に臣が多く、『日本書紀』は四対六で、逆に連のほうが多くなっている。『日本書紀』は、臣・連の全体数の比率にほぼ近い形である。このように、『日本書紀』との比較からみても、『古事記』がきわめて特殊であることがいえる。

現在私たちが『古事記』を読むとき、このような氏の名にいちいち目を配る人はまずいないだろう。しかし当時、とくに天武の生存中にもしこの書が完成していたならば、おそらくその時代の支配層の人々にとっては天武自身が編纂した欽定本の歴史書に、自分の氏の名が記されているかどうかは、きわめて大きな意味をもったに違いない。ところがこの欽定本には、あきらかに臣・君・国造系にたいする極端なまでの重視、あるいは優遇と、連・伴造系にたいする軽視、あるいは冷遇がみられるのである。さらに次に取り上げる天武十三年のカバネ制度の改革にも、これとまったく同じ傾向がある。

天武紀十三年のカバネ制度の改革

天武天皇十三年(六八四)に、長年にわたって用いられてきた「臣・連・君」などの古いカバネが廃止され、「真人《まひと》・朝臣《あそん》・宿禰《すくね》・忌寸《いみき》」といった新姓が与えられる、カバネ制度の改革が行われた。この改革にはいくつかの目的があり、いわれているような「真人」(継体以降の近い天皇の子孫に与えられるカバネ)を最上位に置くことによって、天皇を頂点とするヒエラルヒーをカバネの上で確立するといったこともある。が、なんといってもその主要な目的は、無秩序な集合の観を呈している、何十種もあるといわれる旧カバネを廃止して、律令国家にふさわしい、タテの序列をもったものに整理・統合することにあったといえよう。

さらにそのなかでも、有力氏のカバネである「臣・連・君」の撤廃と、それを序列をもった新姓「朝臣・宿禰・忌寸」へ移行させることが最大の眼目であったことは、改革の実際をみればわかる。またこの改革には、序列づけの他にもう一つ重要な目的として、臣・連・君が、出自(先祖)の差と結びついたカバネであるのを解消して、出自とは関係のないカバネに改変することがあった。このカバネの改革は、天武の念頭に長い間課題としてあったと想像されるが、有力氏をどのように序列づけるかは、きわめて困難な、決断を要する作業だった。天武が蛮勇をふるって、と私には感じられるが、断行したのは次のような改姓であった(真人は除く)。

1　朝臣——臣三十九氏・君十一氏、および連二氏(物部氏と中臣氏)、合計五十二氏
2　宿禰——連四十九氏、および臣一氏、合計五十氏
3　忌寸——連十氏、および直一氏、合計十一氏

すなわち第一位の朝臣になったのは、ほとんどが臣・君の氏で、それに連が物部と中臣(藤原氏と同族)の二氏だけ入っている。第二位の宿禰はほとんどが連で占められている。第三位の忌寸は、天武九年以降に連に昇格した、もとは臣・君・連より一ランク下の氏である。旧カバネの臣・君・連は、上級の有力氏のカバネであって、これ以外の直《あたい》、造《みやつこ》などのカバ

ネとの間にははっきりと格差があった。しかしこの臣・君・連の三者間には、基本的に上下の差はなかったといわれている。が、この改革で、朝臣・宿禰という序列をもったカバネが設定され、旧臣・旧君のほとんどは第一位に、旧連は、物部と中臣(藤原)の二氏を除いてみな第二位にランクづけされたのである。

大伴氏はなぜ「宿禰」か

ところがこの時、第二位の宿禰《すくね》を賜与された連のなかには、実力をもったそうそうたる大豪族が名を連ねていた。とりわけ『日本書紀』が宿禰を賜与した五十氏の筆頭にあげている大伴《おおとも》連は、並みの臣系の氏など足元にも及ばない、誰一人知らぬ人のない名門の氏で、高位高官に昇った先祖を多くもつ、ヤマト王権屈指の有力氏であった。二、三あげてみると、大化のころの長徳《ながとこ》は右大臣、壬申の乱の功臣御行《みゆき》は大納言(死後右大臣)、万葉歌人として著名な安麻呂や旅人《たびと》も大納言(左右大臣に次ぐ正三位相当の官職)になっている。そこでこのような氏を宿禰に置いたことによって、朝臣、宿禰の順位は、印象としてひどく曖昧なものになってしまった。タテの序列があるようではあるが、しかし臣・連を言い換えただけのようにもみえる。

なぜ天武は、大伴氏を宿禰にとどめたのか。この大伴氏の処遇の仕方のなかに、私は天武のこの時の屈折した氏族政策のあり方や深謀遠慮が凝縮されているように思える。

もしこの時大伴氏を朝臣に移していたら、朝臣は誰が見ても名実ともに第一位のカバネとなり、カバネの序列化という目標にとっては、その方がはるかにすっきりする。大伴氏だけでなく安曇《あずみ》連や尾張《おわり》連などの有力氏も移したら、さらにそれは明確になるだろう。また臣・君・連の三姓を混合して、旧姓の別を撤廃するという目標にとっても、その方がずっと徹底したものになる。が、天武はそうはしなかった。それはなぜか。それは、新制度をより徹底したものにすることよりも、臣・君を優遇する、つまり臣・君に配慮することのほうを優先したからではないかと私は考える。物部・中臣に加え、大伴氏などの有力氏も朝臣にした場合、朝臣は実力をもった連系の氏に席捲されるような印象を与え、新しく成立する国が、連や伴造が勢力を振るう官僚国家になるのではないかといった疑念を、臣・君系の氏に与えかねない。物部や中臣、大伴や安曇・尾張など連系有力氏は、輩下の氏を多数もっているので、一氏であってもその与える影響はきわめて大きい。

そこで天武は、三カバネの混合も一部で実施しながら、しかし全体としては連をはっきりと臣・君の下に置くことにした。そしてそのことを、世間に強くアピールするには、大伴氏を連にとどめるのがいちばん効果的だった。それに大伴氏であれば、この氏は、「大君《おおきみ》の辺《へ》にこそ死なめ顧《かえり》みはせじ」を家訓としている(この軍歌として有名になった「海行かば」の歌は本来大伴家の伝承歌である)、天皇家にとってもっとも忠実な部下ともいえる氏であるから、そうしたいわば屈辱的な処遇も甘んじて受け入れるだろう。このときの、玉虫色の中途半端なカバネ制度の改革に、このような天武の氏族政策の矛盾したあり方や用心深さ、気遣いの細やかさを私は感じる。

「朝臣」の筆頭としての大三輪君

気遣いの細やかさといえば、『日本書紀』が「朝臣」を賜与した五十二氏の筆頭に、「大三輪《おおみわの》君《きみ》」を掲げていることも、きわめて意味深長である。

大三輪氏は、位階の上ではけっしてそれほど高い氏ではなく、臣・連・君の中では中級の氏といっていいだろう。しかしこの氏は、前章でみたように、オオクニヌシ(または大物主)を先祖として掲げる氏であり、また『古事記』が詳しく載せている、有名な三輪山伝説の主人公の子孫でもある。オオクニヌシの伝承も『古事記』はとりわけ大量に載せており、このことは『古事記』の一つの大きな特色になっている。すなわち大三輪氏は、タカミムスヒを先祖にいただく大伴氏とは、出自(先祖)の上でまさに対極にある、古い土着の伝承の保持者なのである。

このような氏を「朝臣」の筆頭に置き、一方で「宿禰」の筆頭に大伴氏を置くことは、この改革の一つの方向を、象徴的に示しているように私には思われる。端的にいえば、それは、ムスヒ系(=連)ではなく、アマテラス系(=君)に天武が軍配をあげたことを示している。大伴氏は、ムスヒ系を代表する氏であり、大三輪氏は上述のようにオオクニヌシ系(＝アマテラス系)を代表する氏だからである。

カバネ制度の改革におけるこのような氏族政策と、さきに述べた『古事記』の編纂方針とは、まさにぴったり一致している。それは臣・君の優遇であり、また土着の古い伝統文化の尊重である。ただし一つ断っておきたいが、「優遇」といってもそれは文化面、栄誉面のことであって、現実の政治の世界はまた別だった。たとえば大伴氏は、その後も大三輪氏よりはるかに高い政治的・社会的地位を保ち続けている。

カバネ制度の改革と『古事記』の編纂は、同時期に並行して行われた、ともに天武による事業である。したがって両者が同じ方向を指していることに不思議はない。このような、両者に共通する天武の氏族政策についてはさまざまな解釈が可能であろうが、私は統一国家の建設という目的を、万全に遂行しようとする天武の意志をそこにみるのである。この推理がはたして当たっているかどうかは別として、ともかくこのような思い切った臣・君重視の氏族政策が、この時期、天武によって行われたことは、一つの確かな事実である。

なお紙幅の都合でふれてこなかったが、ここで簡単にさし挟むと、連や伴造だけでなく、朝鮮半島からの渡来系の氏に関する記載も、『古事記』はきわめて少ない。しかし渡来系の氏が日本の古代史に果たした役割は非常に大きかった。そのことは、たとえば『新撰姓氏録』が載せる全氏族数の、ほぼ三分の一が渡来系の氏で占められていることからもその一端を推しはかることができる。私たちは、私自身も含めて、ともすれば『古事記』をとおして日本の古代像を思い描こうとするが、その際、「神話の一元化」と同時に氏族に関しても、『古事記』がこのような極端ともいえる片寄りをもった書であることに留意する必要があろう。

古代豪族と出自の観念

最後に「品部廃止の詔」とよばれている、大化改新の際発令された詔勅の一部をみておきたい(前詔と後詔があるが、次の引用は後詔である)。歴史の表面には出ることの少ない当時の支配層の人々の意識の一部が、ここに切り取られて表出した貴重な記録である。

この国は、天地の初めから大君が君臨する国である。初めて国を治めた皇祖の時から、天下は大同で、人々の間にかれこれの別はなかった。ところがこのごろ、神や天皇から別れ出た人々が臣や連となり、また造《みやつこ》となって、国中の人々は互いに彼此《かれこれ》の別に固執し、自他の別を強く意識して、各々その名を固く守ろうとしている。

(大化二年(六四七)四月、意訳)

詔勅はまず枕の部分で、太古の昔は「一君万民」で「天下大同」の、人々の間に分け隔てのない理想社会であったことを言っている。この太古のこととしていっている理想社会の姿が、要するにこのとき為政者が改革の目標として掲げた社会の姿に他ならない。次いで「ところがこのごろ」と、それとはかけ離れてしまった現状を嘆いているのであるが、その現状についての叙述のなかに、まさに当時の現実が描かれている。そしてそこには、先祖の別に強いこだわりをもって対立している支配層の人々の状況が描かれており、私たちにとってきわめて興味深い内容がある。

その第一は、臣や連について、「神や天皇から分かれ出た」と明確に書かれていることである。前章の表1(一六九頁)でみた、「臣」は伝説時代の天皇から、「連」はムスヒやハヤヒの神から出たとする出自観念が、この頃存在していたことをこの詔勅ははっきりと示している。

第二に注目されるのは、そのような先祖の別による派閥意識に人々が強くとらわれて、自他の別に固執していたということである。

さらに第三点として、そのような自分の名(この場合の「名」は、「氏氏名名の人」の「名」と同じで出自の意味が含まれている)への固執や派閥対抗意識によって、右に引用した部分にはないが前詔によれば、いまや国は分裂状態に陥ってしまっていると為政者が認識していたことがあげられる。

この詔勅は「品部廃止の詔」であるから、詔勅はこのあと、有力氏がそれぞれ勢力を拡大しようと競って各地に設置した「部《べ》」（土地・人民）が、その派閥意識の温床となり、また拠り所ともなっているといった文脈で、「部」の弊害を説いている。したがって「部」の廃止をうったえるために、ことさら強調していっている面も、あるいはあるかもしれない。しかし度合の差はあれ、このような派閥による対立意識が、支配層の人々の間にあったことは事実であろう。

天武天皇が行ったカバネ制度の改革は、このとき以来懸案であった臣連体制の抜本的な変革が、約四十年の時を経てようやく実現したものである。

まとめにかえて

五世紀に、大王家が北方系の天の至高神であるムスヒの神とその神話を導入して以来、ヤマト王権時代は在来のアマテラス系の神々と、新しいムスヒ系の神々とが併存する思想と文化の二元状態が続いていた。神話の二元状態は世界観の二元状態である。その際、ムスヒの神は連や伴造氏、アマテラスは君系の氏というように、別々の氏が伝承を分担して保持する、一種棲み分けのような状況が日本では生まれていた。

氏族制国家が終焉して律令国家に移ろうとするとき、一君万民の国家を支えるイデオロギーとして一元的な世界観が必要とされる。そのとき為政者である天武天皇は、それまで国家神だったタカミムスヒではなく、アマテラスを新たに国家神として選択した。なぜ天武はアマテラスを選んだのか。ヤマト王権時代の伝統を覆して、天武にそれを決定させたものは何か。そこで私は本章のはじめに述べたようないくつかの理由をあげ、それらの要因が重なって、天武に転換を決意させたのではないかと考えたが、もう少し深く立ち入って天武の意図を探るため、天武が最晩年に取り組んだ『古事記』の編纂と、カバネ制度の改革という二つの事業に注目した。そこに天武のそのころの問題意識や思想がみられるはずだからである。

ところがその二つの事業には、共通して一つの特徴がみられた。それは極端ともいえるほどの、臣・君・国造系の氏(地名を名とする半独立の伝統をもつ氏)への優遇・重視である。現実には、連や伴造(職掌を名とする天皇の身内的氏)が歴史に果たした役割はきわめて大きく、また氏の数からもわかるように、臣・君を超える大きな勢力でもある。しかし、にもかかわらず天武はあえてそれを低く位置づけ臣・君系を高い地位に置いた。そこには何があるのか。私はそこに、天武のある種の政治的な思惑が働いているのではないかと考えた。つまり、けっして造反する恐れのない連や伴造を思い切って冷遇し、臣・君の氏を、カバネという栄誉的な面で優遇したり、またその伝承を尊重するなどして、国が目指している方向が、彼らにとって好ましい方向であることを強く印象付けて改革を万全の態勢で成功させようとしたのではないか。

律令国家の建設は、すでにしっかりとした足取りで進んでおり、この時点で不安や警戒感などありえないといわれるかもしれない。しかし天武が「部曲《かきべ》廃止」(豪族の私地私民の全廃)を宣言してから、このカバネ制度の改革までまだ十年も経っていない。改革はいまだ途上である。それに、さきに「品部廃止の詔」でみたような氏族間の対立感情や先祖へのこだわりは、二、三十年で消え去ったわけではなく当時も隠然としてあったに違いない。変革期には、為政者の打つ一手の間違いで、事態が一気に流動化することはあり得ることである。大化の改新のころから天智とともに改革に携わってきた天武にとっては、最後まで気が抜けなかったのではないかと私は考える。

ただしかし、このことは決断を高める一つの大きい要素ではあったにしても、アマテラスが最終的に選択された最大の要因は、やはりこの神が、繰り返し述べたように伝統文化の広く厚い地層に、しっかりと根を張った神であったことにあるのではないかと思う。連系の氏ですら、系譜のはじめに列挙しているのはムスヒの神であっても、実際に祭っているのは、たとえば中臣(藤原)氏であればアメノコヤネ(春日神社の祭神)という、土着の古い神だった。

天武は、新しい統一国家の国家神として、一般の人々には親しまれていない、しかも伴造系の神という派閥的な色彩が付着したタカミムスヒがふさわしいとは思えなかった。アマテラスこそ、多くの神々の中心に置くのにふさわしい求心力をもった神であると、長年改革に携わった政治家としての勘で決断したのではあるまいか。

終章

はるか二千年の昔、弥生時代に生まれた太陽女神アマテラスが、奈良時代に律令国家の国家神として、その地位に就くについては、第五章に述べたような、歴史のいわば逆転現象ともいうべき転換劇があった。

アマテラスがこの時座った皇祖神＝国家神の椅子は、第一章で述べたように、もともと紀元前後から四、五世紀にかけてのころ、朝鮮半島から中央ユーラシアにかけての広大な地域に興亡した、諸民族の国家が共有していたのと同じタイプの天の至高神の椅子である。七世紀末まで、天の至高神であり、日本の国家神でもあるタカミムスヒが座っていた。

その椅子に、なぜアマテラスが座ったのかという理由について、当時の政治状況を勘案して第五章で種々述べたが、それは、また別のいい方をすれば、彼女が太陽神だったからである。タカミムスヒは、天の至高神であると同時に太陽神であり、したがってその子孫とされる大王(天皇)は、記紀歌謡や『万葉集』に多用されているように、「日《ひ》の御子《みこ》」と呼ばれていた。したがって、その椅子に座る神は、何よりもまず太陽神でなければならなかった。

このようにして、海の彼方のトコヨの国を慕って、トコヨの波が心地よく打ち寄せる伊勢の国に住んだ太陽神アマテラスは、思いもかけず、まったく異質な文化が生み出した、しかも支配者の権力を支えるために用意された、いかめしい国家神の座に就くことになった。アマテラスは、その椅子に座った時点で、まったく異なる二つの世界観や価値観を身につけることになったわけである。私たちが、たとえば『古事記』に見るのはその椅子に座ったアマテラスである。二つの異質な世界観や価値観の、混合体としてのアマテラスがそこにはある。

本章では、前章までに十分述べられなかったことについて、以下二、三補っておくことにしたい。

天皇の伊勢神宮参拝

天皇の伊勢神宮参拝は、古代には一度も行われていない。序章で述べた明治二年に行われた明治天皇の参拝が、天皇による伊勢神宮参拝としては史上最初のものである。持統天皇や聖武《しょうむ》天皇の伊勢行幸はあったが、その時も神宮への参拝はなかった。

王家の先祖神で、なおかつ王に国を授けた主権神とされる神は、王がみずから祭ってこそ、その存在が誰の目にもあきらかになり、その神話的言説も説得力をもつものとなる。明治政府はだからこそ、天皇の伊勢神宮参拝を開始し、その後の天皇も国に重大事があるたびにそれを行った。しかし古代にそれが一切行われなかったのは、おそらくアマテラスの地方神時代の伝統から、そのころはまだ十分に自由ではなかったからである。つまり古代のアマテラスは、建前上は皇祖神＝国家神であっても、俄《にわ》かにその椅子に座ったため、実態はまだそれに伴っていない部分が少なからずあった。これに類した現象は他にもある。

朝廷で行われる重要な祭祀の際には、全国の有力社に神祇官から幣帛《へいはく》が献じられたが、その順番は、奈良時代以降もタカミムスヒなどムスヒの神をはじめとする宮中神がいちばん最初で、次に山城・大和など畿内の国々になり、そのあとで、伊勢の国に入ってはじめて伊勢神宮への奉幣となっていた。平安初期に神祇氏族であった斎部《いんべ》広成は、アマテラスは皇祖神としてこの上なく尊い神であるのに、奉幣の順番を諸神の後にもってくるとはなにごとかと『古語拾遺』で大変憤慨している。これも地方神時代の旧習が改められていない一つの例である。

歴史書に皇祖神としてその名を記すことは、いわばツルの一声で、比較的簡単にできるが、多くの官人の手によって行われる伝統的な行事は、容易に改められなかったのである。その意味では、アマテラスが名実ともに皇祖神になったのは、明治に入ってからだといえるかもしれない。

日本では国家神が女神なのはなぜか

アマテラスは、本来男性だったのではないかという説が、古くから繰り返し提出されている。なぜ日本では国家神＝最高神が女性なのかという疑問は、世界の例を見ると、たしかにもっともである。しかし『古事記』も『日本書紀』も、アマテラスを明確に女性として描いていて、曖昧なところはまったくない。アマテラスはやはりどこからみても女神である。しかし、男性の官僚が取り仕切っている律令国家の国家神が女性なのは、ちぐはぐな感じだし、父系による継承が原則とされた天皇家の始祖神が女性であるのも、考えてみると奇妙である。

このようなちぐはぐさは、本来のアマテラスと、座った椅子との違いという上述の見方に立ったとき、はじめてよく了解できる。北方系の天の至高神であるタカミムスヒは男性神で、国家神の椅子は、もともと男性用の椅子だった。

一方民族学や文化人類学の研究者があきらかにしているように、古層の文化のなかには、女性の太陽神が世界中に広く分布していた。高い文明をもつ国の男性太陽神におされて、女性太陽神の伝承は、徐々に姿を消したが、日本のアマテラスはそのなかで命脈を保ってきたひとりである。古代の日本では、『万葉集』に詠まれているように、月が男性で、太陽は女性だった。律令国家は、女神を国家神にしようとして選んだわけではなく、人々に古くから親しまれている土着の太陽神を、タカミムスヒに代えて国家神の座につけたら、それは女神だったということである。

女性の地位が高かったから最高神も女性なのか

日本では最高神が女神であるというのは、女性の地位が高かったからですか、といった質問を受けることがある。とっさにどう答えるべきか迷うが、そういえなくもありませんという歯切れの悪いいい方が、私のそういう時の答えである。

七世紀末から八世紀にかけてのころの日本は女性の天皇が多く、とくに七世紀代は百年のうちの半分、五十年以上が、推古《すいこ》・皇極《こうぎょく》・斉明《さいめい》（皇極重祚）・持統《じとう》など女性の天皇で占められていた。続く八世紀代も、約三分の一が元明《げんめい》・元正《げんしょう》・孝謙《こうけん》・称徳《しょうとく》（孝謙重祚）など女帝である。なぜこの時期こんなに女帝が多いのかについては、中継ぎ論など、種々の議論がある。しかし女性の首長を葬った女王墓と呼ばれる古墳が、九州から関東にいたる日本列島の各地に、四世紀から五世紀前葉にかけて多数あるような、卑弥呼《ひみこ》以来、女性の首長が珍しくなかったくにがらと、女性の天皇が多いこととはやはり関係があるだろう。

五世紀から七世紀まで、国家神はタカミムスヒという男性神だったし、支配層の氏を代表していたのも男性である。しかしタカミムスヒは急遽外からもってきた神であるし、氏もまだ実態としては、父系出自集団が形成されていない状態で、社会の内部には、女性の首長や女性の天皇をそれほど不思議としない風習が根強く残っていた。アマテラスの国家神化は、このような時代が終末に近づこうとしているころに起きている。したがって巨視的にみれば、これも弥生以来の女性首長の伝統の残存といえなくはない。当時はまだ、トップの神に女神を置くことへの、後世の人々が感じるような違和感や抵抗はなかったに違いない。

回りくどい理屈ではあるが、このような意味で、古代の日本は女性の地位が高かったから、最高神・国家神が女性なのだといっても、まったく誤りとはいえないだろう。最初の質問にイエスと答えるとき、とっさの間にグルグルと頭のなかで考える私の理由づけである。

三つの外来文化

異なる文化の重層・混合が繰り返されながら歴史が進展していくことは、世界の多くの民族や国家に見られることで、少しも珍しいことではない。

日本もその例外ではなく、近くは明治維新の際の欧米文化の流入と、それ以前の伝統文化との重層・混合があり、古代には中国文化の流入と、それ以前の伝統文化との混合があった。どちらの場合も、輸入される文化は、その時点では、日本の文化に比べて圧倒的に優勢な、進んだ文化であり、また異質な文化であって、当座はその異質性が際立っているが、やがて徐々に複雑な過程を経て、在来の文化自体も影響を受けて変質し、また受容した外来の文化も急速に変質していくといった過程を経ながら、両者は混合し共存していく。

この欧米の文化と中国の漢字文化という、二つの巨大な文明の受容については誰一人知らない人はいないし、その受容が、日本の文化にどのような影響を与えたかについても、さまざまな面から事細かに研究されている。しかしそれ以前に、もう一つ、北方ユーラシアの支配者文化という、ある意味で、やはりその当時の日本より遥かに進んだ文化の輸入があった。古墳の副葬品にみられる金飾燦然たる冠や、精巧できらびやかな装飾品の数々、あるいは乗馬の風習などに象徴される文化である。天孫降臨神話が、このとき導入された北方ユーラシア系の文化であることについては、第一章で詳述した。しかしこの事実は、ごく一部の人を除いてほとんど知られていない。

なぜそれが人々に知られていないのか。それには種々理由があろうが、やはり何よりもこの北方ユーラシアの文化が、基本的にまだ文字を持たない文化であったため、その全容を語るものが当事者の記録として残されていないということが大きいだろう。それに古代のある時期ユーラシア大陸の全域に覇を振るったこの文化も、その後衰退して、いまではその過去の栄光を伝えるものがほとんど残されていないということもある。

しかし、四世紀末から五世紀前葉にかけての時期における、この北方からの異文化の受容は、日本の歴史にとって、ふりかえって巨視的にみると、その後の二つの異文化の受容に勝るとも劣らない、深く大きい影響を与えた。これは日本の歴史の一つの大きな曲がり角だった。

なお念のためにいえば、三つの外来文化と書いたが、外来文化の輸入はけっして三つだけではない。この北方ユーラシアの文化受容以前のオオクニヌシに代表される弥生の文化も、そのまま縄文時代の文化に直結するのではなく、そのなかの中核的な要素のいくつかは、その当時における新しい輸入文化だったとみられる。これは主として南方からの文化である。異文化の波は太古以来何度も日本列島に打ち寄せている。

中国文明の受容はいつか

本書では、中国文明の受容についてはほとんどふれてこなかったので、ここで簡単に私見を差し挟んでおくと、秦・漢帝国以来の漢民族の文化が、東アジア全域に与えた影響が甚大であることは周知のところである。日本もすでに弥生時代から、有名な志賀島《しかのしま》の金印や卑弥呼の遣使で知られるように、中国王朝と直接交渉があった。

いま問題にしている北方ユーラシアの文化にしても、独自の民族文化がその核にはあるが、しかしはるか西方の文化や、さらに漢民族の文化の影響を受けて形成された混合文化である。朝鮮半島の諸王国の文化も、あきらかに北方ユーラシアの支配者文化の流れを汲み、北方系の王権思想をその核にもっているが、しかしやはり漢文化の摂取によって形成された混合文化である。そして日本は、その混合文化である朝鮮半島の王権文化を取り入れることによって、国家形成を果たした。

しかし文字文化である漢文化＝中国文化を、本当の意味で理解して受容するには、受け入れる側が、ある程度それを可能にする社会に移行していることが必須条件ではないかと私は考える。文字文化を取り入れるには、まず支配階層が安定的に形成されていることが前提条件である。文字の修得には、学習をつみ重ねる環境が安定的・継続的に、かなり広い範囲で整っていることが必要だからである。また当然、文字を必要とする社会態勢も整っていなければならない。高度な文字文化といくら接触していても、それを理解して生活に活かすには、このようにいくつもの条件が整備されている必要がある。

日本が本格的な文字社会に移行したのは、序章でもふれたように、ほぼ七世紀も半ば過ぎとみられる。このころには、支配層の安定的な形成や文字の必要性といった、上述のような条件も完全に整っている。つまりこの時点から、日本は本当の意味で、中国文明受容の時代に入ったといえる。ヤマト王権時代は、新たに輸入した北方系の王権文化と、弥生以来の土着文化という二つの異質な文化が並存した二元構造の時代だと私はいってきた。中国の文化もすでに入っているではないかといわれるかもしれないが、私のいうのは、このような意味においてである。

ヤマト王権時代は、無文字社会から文字社会への移行期であり、同時に中国文化と北方系王権文化の輸入期でもあるという、さまざまな要素が錯綜した複雑な時代であるが、私は問題をできるだけ単純化してこのように捉えたわけである。

北方系の文化が残したもの

さきに、四世紀末から五世紀初頭にかけての頃における北方ユーラシアの文化の受容は、日本の歴史にとって一つの大きな曲がり角だったといったが、それはどのような意味での曲がり角か。

前章までに述べたところを振り返って、主要な点をもう一度あげてみると、第一にあげられるのは、やはり天を他に優越した価値の高いところとする、天を基軸にした世界観と、その世界観に基づく唯一絶対の「権威」をもつ神、すなわち天の至高神が、このときから日本に生まれたことである。そして、その神の「権威」を背景に、唯一絶対の「権威」をもつ支配者(王)が日本にもはじめて誕生した。このとき生まれた王(大王・天皇)が、日本ではその後長く、政治上・思想上の一つの定点となっている。

それ以前の日本には、第三章でみたように、他に隔絶した唯一絶対の神はまだなかった。「神々の王」といわれるオオクニヌシも、有力神の中の「領袖」的存在にすぎず、日本の神々の世界は、男女の神がその役割や特質にしたがって自由奔放に活躍する、多神教的世界だった。

次にもう一つ、後世に与えた影響からいえばより重要だと考えられるものに、天孫降臨神話の導入と同時に北方から取り入れた、父系観念や血統・出自(先祖の生まれ)の尊重、世襲観念などがある。これは、さきにあげた唯一絶対の「権威」の誕生や、そこから出てくる上下の秩序意識とけっして無関係ではないが、ともかくこのとき導入された血統主義や父系観念は、それ自体として、その後の日本の社会を大きく変えていくものになる。もちろんその後本格的に受容した中国文明が、それをさらに補強したことはいうまでもないが、その端緒は、この時期の北方文化の導入にあった。

大伴氏、大三輪氏といった「氏(ウジ)」の問題を第四、五章で取り上げた。そこでは書き漏らしたが、「ウジ」は、日本では五世紀後半頃から、豪族層の間でのみみられるようになった組織である。日本の「ウジ」は自然発生的な血縁集団ではなく、支配層の間にのみつくられた、「政治的に編成された組織」であるという説は、すでにかなり前から定説になっている。

さらに「ウジ」という語について、この語は朝鮮語の「ul(族)」、モンゴル語の「uru-g(親戚)」、ツングース語の「ur(子孫)」など、「男子の系統を表す語と同源」(『岩波古語辞典』)だといわれている。すなわち「ウジ」は、天孫降臨神話や父系思想、血統主義などと同時に、北方ユーラシアの文化の一環としてこの時期に導入されたものなのである。この「氏」という組織が、豪族層の間で生まれたことによって、支配層の組織化と、その安定的・継続的な発展が可能になり、それが、ひいては律令国家形成の基盤になった。

このような意味で、このとき導入された「氏」という組織や、血統主義、父系観念、世襲意識、それに最初に述べた天の至高神や、その権威を背景にした王の存在など、これら一連の北方系の文化は、――現在の私たちからみると、その多くの部分はいまや負の遺産なのかもしれないが――日本の文明化への道を切り開く端緒になった。そしてまたそれは同時に、その後の日本社会を根本から大きく変えていく端緒でもあった。

歴史の大きな曲がり角といったのは、このような意味である。

引用・参照文献

序　章

丸山真男『丸山真男講義録 四』東京大学出版会、一九九八年
石田英一郎・岡正雄・江上波夫・八幡一郎『日本民族の起源』平凡社、一九五八年
上田正昭『日本神話』岩波新書、一九七〇年
松前　健「鎮魂祭の原像と形成」『日本祭祀研究集成 一』名著出版、一九七八年
溝口睦子『王権神話の二元構造』吉川弘文館、二〇〇〇年

第一章

岡　正雄「日本民族文化の形成」『図説日本文化史大系 1』小学館、一九五六年
佐原　真『大系日本の歴史 1　日本人の誕生』小学館、一九八七年
堀　敏一『東アジア世界の形成』汲古書院、二〇〇六年
三崎良章『五胡十六国の基礎的研究』汲古書院、二〇〇六年
鈴木靖民「好太王碑の倭の記事と倭の実体」『好太王碑と集安の壁画古墳』木耳社、一九八八年
武田幸男『高句麗史と東アジア』岩波書店、一九八九年

李　成市『古代東アジアの民族と国家』岩波書店、一九九八年
吉田　晶『七支刀の謎を解く』新日本出版社、二〇〇一年
『隋書』倭国伝」『東アジア民族史 1』山尾幸久訳、平凡社東洋文庫二六四、一九七四年
東　潮『古代東アジアの鉄と倭』溪水社、一九九九年
「『宋書』東夷伝」『東アジア民族史 1』山尾幸久訳（前掲）
白石太一郎「倭国の形成と展開」『列島の古代史 8　古代史の流れ』岩波書店、二〇〇六年
直木孝次郎「応神王朝論序説」『日本古代の氏族と天皇』塙書房、一九六四年
塚口義信『ヤマト王権の謎をとく』学生社、一九九三年
森　公章『戦争の日本史 1　東アジアの動乱と倭国』吉川弘文館、二〇〇六年
溝口睦子『日本古代氏族系譜の成立』学校法人学習院、一九八二年
佐伯有清「高句麗牟頭婁塚墓誌の再検討」『史朋』七、一九七七年
成清弘和『日本古代の家族・親族』岩田書院、二〇〇一年
大林太良『日本神話の構造』弘文堂、一九七五年
松村武雄『日本神話の研究 第三巻』培風館、一九五五年
三品彰英『三品彰英論文集 第三巻』他、平凡社、一九七〇—七四年
護　雅夫『遊牧騎馬民族国家』講談社現代新書、一九六七年
護　雅夫『古代遊牧帝国』中公新書、一九七六年
『モンゴル秘史 1　チンギス・カン物語』村上正二訳、平凡社東洋文庫一六三、一九七〇年

山田信夫『北アジア遊牧民族史研究』東京大学出版会、一九八九年
ドーソン『モンゴル帝国史 1』佐口透訳、平凡社東洋文庫一一〇、一九六八年
村上正二「モンゴル部族の族祖伝承(二)――とくに部族制社会の構造に関連して」『史学雑誌』七三編八号、一九六四年
『中国思想文化事典』東京大学出版会、二〇〇一年
白川　静『甲骨文の世界』平凡社東洋文庫二〇四、一九七二年
松丸道雄『ビジュアル版世界の歴史 5　中国文明の成立』講談社、一九八五年
溝口睦子「名づけられていない神――日本古代における究極者の観念」『古事記年報　三十九』一九九六年

第二章

溝口睦子『王権神話の二元構造』(前掲)
青木周平編『古事記受容史』笠間書院、二〇〇三年
三宅和朗『古代国家の神祇と祭祀』吉川弘文館、一九九五年
金子武雄『延喜式祝詞講』武蔵野書院、一九五一年
松前　健『日本の神話と古代信仰』大和書房、一九九二年
直木孝次郎「天照大神と伊勢神宮の起源」『日本古代の氏族と天皇』塙書房、一九六四年
松前　健「尾張氏の系譜と天照御魂神」『日本書紀研究 第五冊』塙書房、一九七一年

岡田精司『古代王権の祭祀と神話』塙書房、一九七〇年
『隋書』倭国伝」『東アジア民族史 1』(前掲)
三品彰英「古代朝鮮における王者出現の神話と儀礼について」『三品彰英論文集 第五巻』平凡社、一九七三年
末松保和「新羅上古世系考」『新羅史の諸問題』財団法人東洋文庫、一九五四年
末松保和『青丘史草 第一』笠井出版、一九六五年
平野邦雄「日本書紀にあらわれた古代朝鮮人名」『続日本古代史論集 上巻』吉川弘文館、一九七二年
溝口睦子『古代氏族の系譜』吉川弘文館、一九八七年
溝口睦子「記紀神話解釈の一つのこころみ(中の二)」『文学』一九七四年二月号

第三章

石母田正「日本国家の成立」『石母田正著作集 第四巻』岩波書店、一九八九年
岡　正雄「日本民族文化の形成」『図説日本文化史大系 1』(前掲)
岡田精司『古代王権の祭祀と神話』(前掲)
川添　登『伊勢神宮』筑摩書房、二〇〇七年
西郷信綱『古事記注釈 第一巻』平凡社、一九七五年
神野志隆光『古事記と日本書紀』講談社現代新書、一九九九年
岡田精司「記紀神話の成立」『岩波講座日本歴史 2』一九七五年

三宅和朗『記紀神話の成立』吉川弘文館、一九八四年
松前　健「鎮魂祭の原像と形成」『古代伝承と宮廷祭祀』塙書房、一九七四年
塚口義信「天之日矛伝説と〝河内新政権〟の成立」『日本書紀研究 第二十七冊』塙書房、二〇〇六年
石母田正「日本神話と歴史――出雲系神話の背景」『石母田正著作集 第十巻』岩波書店、一九八九年
笹山晴生『古代国家と軍隊』講談社学術文庫、二〇〇四年（初版、中公新書、一九七五年）
義江明子『つくられた卑弥呼』ちくま新書、二〇〇五年

第四章

津田左右吉「日本古典の研究 上」『津田左右吉全集 第一巻』岩波書店、一九六三年
直木孝次郎「天照大神と伊勢神宮の起源」『日本古代の氏族と天皇』（前掲）
川添　登『伊勢神宮』（前掲）
和田　萃「沖ノ島と大和王権」『古代を考える 沖ノ島と古代祭祀』吉川弘文館、一九八八年
溝口睦子「スサノヲの復権――ウケヒ神話を中心に」『東アジアの古代文化』一二〇号、二〇〇四年
溝口睦子『日本古代氏族系譜の成立』（前掲）
溝口睦子『王権神話の二元構造』（前掲）
石母田正「天皇と諸蕃」『石母田正著作集 第四巻』岩波書店、一九八九年
濱田耕策「聖徳王代の政治と外交」『新羅国史の研究』吉川弘文館、二〇〇二年

第五章
熊谷公男『日本の歴史 第3巻 大王から天皇へ』講談社、二〇〇一年
西宮一民『新潮日本古典集成 古事記』解説、一九七九年

付 二二頁の地図については『増補版 標準世界史地図』(吉川弘文館)を、二四頁の地図については武田幸男「碑文からみた四、五世紀の高句麗」(『広開土王碑と古代日本』学生社)所載の地図を、それぞれ参考にして作成した。

あとがき

古代史や記紀神話にこれまであまり縁のなかった読者にも十分わかってもらえるように、ざっくりとわかりやすく書きたいという意気込みで書き始めた本であるが、その何分の一でも達成できたかどうか心もとない。

書き終わっていま頭にあるのは、一つは古代ユーラシアの世界や偶然と必然が織りなす歴史の不思議さであり、もう一つは、やはりアマテラスのことである。第五章で見たようにある偶然から、奈良時代に天皇家の先祖神となって最高神の地位についた太陽女神アマテラスは、中世の社会では東方辺土《とうほうへんど》の「日本国主」として仏教的世界像の末端に位置づけられ、江戸時代には、半年ほどの間に五百万もの人がお伊勢詣り(おかげまいり)にでかけた年もあったというほどの、民衆の爆発的な信仰の対象になり、そして序章でみたように明治憲法下では一転して、近代天皇制を支える国家神の役割を果たした。そしていま平和憲法下で伊勢神宮は、年間何百万もの人が参詣に訪れる庶民の神社になっている。歴史の変化に翻弄されて、その時々に大きく性格を変えながら、しかし弥生以来二千年を越える時間を、日本の歴史とともにその先頭に立って歩んできた神は他にはいないだろう。私の願いはこの神が、今度こそ、誕生した時の素朴で大らかな太陽神に戻って、あくまで平和の女神として、偏狭なナショナリズムなどに振りまわされずに、彼女の好きなどこまでも続く広い海と広い空を住居に、豊かな生命の輝きを見守る神としてあり続けてほしいということである。伊勢神宮のおひざ元、外宮《げくう》の森にほど近いところで私は子ども時代をおくった。口はばったいが、これはいわばその氏子《うじこ》(うぶすな神が守ってくれる範囲に住む人)の一人と勝手に自負している私の願いである。

引用・参考文献にあげたのは、たまたま本書で引用させてもらった文献である。学恩を受けた著書・論文は他にも多数ある。それをみな掲げることはできなかったが、それらすべての先学諸氏にお礼を申し上げたい。

最後になったが、いつも丁寧に原稿に目を通して、読者にとってよりわかりやすく読みやすい表現を的確に示唆してくださった編集者の早坂ノゾミ氏と古川義子氏に厚くお礼申し上げる。

溝口睦子

二〇〇八年九月

溝口睦子

1931-2021年
1958年東京大学文学部国文学科卒業
1976年学習院大学大学院人文科学研究科博士課程修了
十文字学園女子大学名誉教授，文学博士
専攻一日本古代史，古代文学
著書一『日本古代氏族系譜の成立』(学校法人学習院，1982)
『古代氏族の系譜』(吉川弘文館，1987)
『王権神話の二元構造ータカミムスヒとアマテラスー』(吉川弘文館，2000) ほか

アマテラスの誕生
—古代王権の源流を探る　　岩波新書(新赤版)1171

2009年1月20日　第1刷発行
2025年4月15日　第9刷発行

著　者　溝口睦子《みぞぐちむつこ》

発行者　坂本政謙

発行所　株式会社 岩波書店
〒101-8002 東京都千代田区一ツ橋 2-5-5
案内 03-5210-4000　営業部 03-5210-4111
https://www.iwanami.co.jp/

新書編集部 03-5210-4054
https://www.iwanami.co.jp/sin/

印刷・三陽社　カバー・半七印刷　製本・中永製本

© 溝口由己 2009
ISBN 978-4-00-431171-3　　Printed in Japan

岩波新書新赤版一〇〇〇点に際して

ひとつの時代が終わったと言われて久しい。だが、その先にいかなる時代を展望するのか、私たちはその輪郭すら描きえていない。二〇世紀から持ち越した課題の多くは、未だ解決の緒を見つけることのできないままであり、二一世紀が新たに招きよせた問題も少なくない。グローバル資本主義の浸透、憎悪の連鎖、暴力の応酬――世界は混沌として深い不安の只中にある。

現代社会においては変化が常態となり、速さと新しさに絶対的な価値が与えられた。消費社会の深化と情報技術の革命は、種々の境界を無くし、人々の生活やコミュニケーションの様式を根底から変容させてきた。ライフスタイルは多様化し、一面では個人の生き方をそれぞれが選びとる時代が始まっている。同時に、新たな格差が生まれ、様々な次元での亀裂や分断が深まっている。社会や歴史に対する意識が揺らぎ、普遍的な理念に対する根本的な懐疑や、現実を変えることへの無力感がひそかに根を張りつつある。そして生きることに誰もが困難を覚える時代が到来している。

しかし、日常生活のそれぞれの場で、自由と民主主義を獲得し実践することを通じて、私たち自身がそうした閉塞を乗り超え、希望の時代の幕開けを告げてゆくことは不可能ではあるまい。そのために、いま求められていること――それは、個と個の間で開かれた対話を積み重ねながら、人間らしく生きることの条件について一人ひとりが粘り強く思考することではないか。その営みの糧となるものが、教養に外ならないと私たちは考える。歴史とは何か、よく生きるとはいかなることか、世界そして人間はどこへ向かうべきなのか――こうした根源的な問いとの格闘が、文化と知の厚みを作り出し、個人と社会を支える基盤としての教養となった。まさにそのような教養への道案内こそ、岩波新書が創刊以来、追求してきたことである。

岩波新書は、日中戦争下の一九三八年一一月に赤版として創刊された。創刊の辞は、道義の精神に則らない日本の行動を憂慮し、批判的精神と良心的行動の欠如を戒めつつ、現代人の現代的教養を刊行の目的とする、と謳っている。以後、青版、黄版、新赤版と装いを改めながら、合計二五〇〇点余りを世に問うてきた。そして、いままた新赤版が一〇〇〇点を迎えたのを機に、人間の理性と良心への信頼を再確認し、それに裏打ちされた文化を培っていく決意を込めて、新しい装丁のもとに再出発したいと思う。一冊一冊から吹き出す新風が一人でも多くの読者の許に届くこと、そして希望ある時代への想像力を豊かにかき立てることを切に願う。

（二〇〇六年四月）